Erlesenes Weinviertel

24 Geschichten

Herausgegeben von Alfred Komarek und Gerald Schantin

Eine Aktion zum Welttag des Buches

Herausgeber: Alfred Komarek, Gerald Schantin/ Präsident des Hauptverbandes des Österreichischen Buchhandels
Coverbild: © Alexander Reitter/fotolia
Umschlaggestaltung und Satz: Markus Raffetseder
Druck Berger, Horn
Gedruckt auf Munken Print cream 15, 80g, gesponsert von ARCTIC PAPER

ISBN 978-3-85103-180-5

Vorwort

Alfred Komarek

Anthologie, Blütenlese, Sammeln von Texten als Blumen ... das klingt so fröhlich, so sinnlich und beiläufig – oder auch gewalttätig: Sah ein Knab' ein Röslein steh'n. Wir wissen, wie das endet.

Die Herausgeber werden jedenfalls mit der Lizenz zum Auswählen ausgestattet, geehrt, gefordert, überfordert. Wohl dem, der Verbündete und Helfer um sich weiß.

Als ich vor über dreißig Jahren scheu, unendlich fremd, aber nicht minder neugierig ins weite Hügelland zwischen der Donau und der Grenze zu Tschechien kam, war die Schriftenreihe des Kulturbundes Weinviertel sehr wertvoll für mich, hat viele Türen geöffnet. Bis heute haben diese Bände ihren Ehrenplatz im Regal, und einer davon, „Wort im Weinviertel", hat mir bei der Arbeit an der nunmehr vorliegenden Anthologie sehr geholfen. Jetzt bin ich auch noch ungerecht und nenne nur zwei weitere Beispiele für verlegerische Taten fernab klingender Münze: Hans Salvesberger mit seiner „Edition Weinviertel" sowie Detlev und Irene Gamon, die mit zwei ungewöhnlich sorgfältig gestalteten Büchern – bald werden es drei sein – die Prosa Michael Krickls ans Licht geholt haben.

Nicht unerwähnt sollte auch die sanfte, aber nachdrückliche Autorität bleiben, mit der mein Mitherausgeber Gerald Schantin für die Präsenz meiner Texte gesorgt hat. Letztlich habe ich einsichtig erkannt, was sie zum Ganzen beitragen können: verbinden, Lücken füllen, Akzente setzen, statt sich breit und wichtig zu machen.

Bleibt nur noch, mich für schändliche Unterlassungen zu entschuldigen, für harsche Willkür und unverblümte Subjektivität. Es geht nicht anders.

Damit wünsche ich eine vergnügt stöbernde, unersättliche, ziellos zielführende Lesereise.

Inhaltsverzeichnis

Die Farben des Weinviertels

Alfred Komarek

Weite, Stille, Licht. Hügelland und Ebene, lang gestreckte Dörfer in den Tälern, Kellergassen zwischen den Weingärten, bedächtiges Leben und ein maßloser Himmel darüber. Der Himmel inszeniert die Landschaft, überhöht sie dramatisch, holt sie zu sich mit verwischten Horizonten und Wolkendunst, oder lässt sie tief unten liegen und treibt sein eigenes Spiel.

Das Weinviertel dehnt sich nördlich von Wien bis an die Grenze zu Tschechien. Vor Millionen von Jahren, als hier die Erde noch ohne Menschen Geschichte schrieb, bedeckten Meeresfluten das Land. Erdöllagerstätten und vereinzelte Kalkriffe zeugen noch heute davon. Später sorgten Schotterablagerungen und weiche Sedimente für sanfte Konturen, die der Wind mit Löß überlagerte. Dieser kalkhältige Staub wurde zu nährstoffreichen, trockenwarmen Böden.

Schon in der jüngeren Steinzeit war das heutige Weinviertel Bauernland. Eichenwälder wurden gerodet, um Siedlungsraum zu schaffen. Im frühen Mittelalter entstanden die ersten Dörfer. Damals wurde der schon von den Kelten ausgeübte Weinbau neu belebt.

Löß lässt Reben gedeihen. Zu festem Material verdichtet, machte er aber auch den Bau von tiefen Kellern möglich, die ohne teure Ziegelgewölbe haltbar sind. Dazu kommen Presshäuser, in denen die Trauben verarbeitet wurden. Die Presshäuser fügten sich zu Kellergassen.

So gehört auch das Leben mit dem Wein bis heute zum Bild des Landes. In diese bäuerlichen Strukturen setzte die Welt des Glaubens ihre Zeichen: Jahrtausendealte Grabhügel mit seltsam verlorenen Kreuzen auf den Kuppen, gottgefällige Flurdenkmäler, Dorfkirchen, deren Turmspitzen kaum die Hügel überragen.

Die Landschaft hat viel Platz, die Zeit hat einen langen Atem.
Anderswo ist dieser Reichtum rar geworden.

Im Lößland

Theodor Kramer

Unterm Laub wohnt der Stamm, unterm Roggen der Grund,
unterm Rasen Gestein und Gewalt;
jedes Jahr, wann im Herbstwind die Stauden sich drehen
und die Kleestoppeln schwarz auf der Lößleiten stehn,
wird urplötzlich das Land wieder alt.

Jedes Bachbett wird steil, jeder Hohlweg wird tief
(und sie hatten sich grün schon verflacht);
aus der Baumgruppe hebt sich der urbare Kern
und die Felsblöcke darben, als wärn sie von fern
in die Ebne gerutscht über Nacht.

Mit den Kämmen aus Mergel und Löß reißt der Pflug
die versteinerten Spitzschnecken frei;
durch die Ranken stößt schmerzlich der Fichtenholzpfahl,
steigt der Weinberg in streifigen Stufen zu Tal –
und die Luft teilt ein schartiger Schrei.

Ordensregeln

Hermann Nitsch

1

schloss prinzendorf ist das orgien mysterien theater.

2

inmitten der schönen landschaft des weinviertels, umgeben von weingärten, kornfeldern, waldschluchten und einem geäder von kellergassen, liegt das orgien mysterien theater.

3

auf dem gelände des schlosses, im schloss, und in dessen umgebung, wird in baldiger zukunft das grösste und intensivste fest der menschen, das 6-tagespiel, alljährlich durchgeführt.

4

die schöpfung (alles seiende und sich ereignende) drängt durch das lebendige zur wahrnehmung ihrer selbst, der weltenablauf, das ganze, schafft sich durch alles lebendige, durch alle lebewesen, organe, um sich selbst zu erkennen.

5

in der landschaft des weinviertels wird das orgien mysterien theater zur stätte der lebendigen erkenntnis unserer dynamisch unsterblichen wirklichkeit, unsere wirklichen erlebnis- und glücksmöglichkeiten werden erfahren.

42

der weg durch die weingärten senkt sich in ein grünbewachsenes tal. unter erfrischung und kühlung spendenden, sauerstoff verbreitenden grünen baumkronen steht, wie eine mit grünen atmenden pflanzen geschmückte kapelle, das presshaus eines weinkellers. vor dem haus, unter dem labenden schatten, der laub- und obstbäume, sitzen auf bänken bei tischen lachende leute, sie trinken wein und essen einfache speisen. der weinbauer steht neben den eingekehrten und schenkt aus dem weinheber spritzenden, kellerkalten, vergorenen, weissen traubensaft in die achtelgläser der zecher. die profane lebendigkeit wird zur heiligkeit verklärt. das ereignis ergreift innigst. das einfache mahl wird zelebriert. es wird gegessen und getrunken, gepflegter pflanze frucht und saft sowie das gekochte fleisch geschlachteter tiere wird einverleibt. das mahl steigert sich zum heiteren daseinsrausch und zur kommunion der lebendigen. das leben, die lebendigkeit zeigt sich in seinen reinen formen zum sakrament verdichtet. dein priester muss heiligen stoff für das sakrament verteilen. der vollzug des lebens wird zum sakrament. das beisammensein, das gemeinsame mahl, der gemeinsame rausch, bringen die glückhafte erkenntnis der zum geniessenden dasein gebrachten lebendigkeit. •

Hymnus auf die Robinie

Lois Schiferl

Norden, Osten und Südosten Wiens sind Fruchtkammern und Weinspeicher. Von Bergen schimmert laubsatter Wald, auf tagweiten Ackerfluren wehen Korn und Klee. Erdglühende Wahrzeichen, stehen über dichtbewohnten Tälern goldleuchtende, rebenreiche Lößterrassen– im Volksmund Gstetten–, in machtvolle Hügel schürfen tiefe Hohlwege. Wie die Wadi arabischer oder afrikanischer Wüsten führen sie bei starken Regengüssen stürzende Wasser. Die längsten, geräumigsten Fluchten bergen Presshäuser und Keller und heißen Triften. Enggereiht, häufig in doppelter Zeile, ziehen darin die Werkhäuser der Winzer hinauf zu leicht verschwingenden Kämmen vielfältiger Bühel. Gstetten – Lößracheln – wie der Geologe die Hohlwege nennt – und zahlreiche Feldwege säumt die Robinie.

Abends kamen die Mädchen zu euch Freunden und sagten: „Der Akazi blüht. Gehen wir morgen hinaus. Aber schon in aller Früh!"

Wie schön es war, mögen nicht nur die wissen, die dabei sein wollten.

***

Baum der Bauern, Strauch der Feldwege unserer Hügelweiten, Ungelobter, Unbesungener, wirst Du es glauben, daß Du verherrlicht, daß Du verkündet werden sollst?

Akazie heißt Du unseren Zungen, unseren Herzen, unserem Heimweh! Akazie heißt Du unserer Kindheit, und Du prägtest, beschenktest sie wie kein anderer Baum, kein anderer Strauch. Unveräußerlich, unentrinnbar bist Du in unserer Erinnerung.

Wer hätte uns, wenn wir, ahnungslos Vorzeit spielend, eine Sandgrube mit dichtlaubigem Schimmer deckten, uns darunter eines heimlich-bergenden, erregenden Wohnens zu freuen, wer hätte uns besser, reicher seine wehenden Äste geboten? Wer wuchs gleich neben der Straße, mitten im Dorf, in stattlichen dichten Zeilen, so daß wir durch sie einen geheimnisvollen langen Gang zu bahnen vermochten, darin man häuserweit gehen konnte, ohne daß einen von außen auch nur eine Seele sah? Ja, selbst die wenigen Eingänge waren nur Wissenden vertraut und das zwielichtgrüne, verborgene Dunkel durfte nur betreten, wer höchster Freundschaft fähig und erwählt war. O wie viele Träume, Pläne, Bünde und bittere Feindseligkeiten ließen sich in dem schattengrünen Hüttenhaus ausmalen und bereden!

Jäh bogen harte Griffe einen Stamm zur Seite, herzlose Schnitte trafen die hart angespannte Krümmung – der Stamm barst und brach. Es war wie ein Vernichten, wie eifervolles Holzen, ausgeführt von Männern. Du wurdest ein Stab, ein Wanderstab, nein, ein Prunkstab. Sorgsam geringelt in Dunkelbraungrün und Hellgelbgrünweiß, und oben am Stock, wo er am stärksten war, da prangten die Anfangsbuchstaben der Namen. Wer sich größer, denkender dünkte, schnitt auch den Tag zu, an dem er den Ehrgebietenden, Ziervollen erworben und mit eigener Hand gestaltet hatte. Lange blieb solch ein Stab ehrwürdiges Eigentum. In einem geschonten Winkel bezeugte er plänereiche, stolzglückhafte Tage.

Einmal kam Deine wunderbare, Deine allergrößte Zeit. Wie helllichte mildschneeige Glyzinen stürztest Du Deine Blütensträuße aus bebend gefiedertem Blätterspiel unerschöpflicher Zweige. Lange, lange hattest Du zugesehen, wie andere blühten und sprühten, der Pfirsich, die Marille, die Kirsche. Flammende Kronen, hatten sie sich festlich, gebieterisch ins Land gestellt. Du aber schwiegst. Blankbraun oder graugrün schnitten Deine schlanken Gerten lenzblauende Horizonte, und es schien, Du bliebest ungerufen. Doch als die andern ins herbe Fruchten sanken, da prangtest Du. O dieser Weg ober der Kellertrift in aller Morgenfrüh, als drunten im Osten auf fernstem Hügelkamm jäh ein sattkühler, eisenroter Glutfleck lag, daraus es nach allen Seiten glomm und urmächtig erstrahlte ins plötzlich erbrennende frühblanke Blau. Und dann traf das Feuer schon die Wandernden und das ganze Land. Da war die unter ihnen eingesenkte Kellertrift nur mehr der große funkelnde Strom Deiner weißen Blütenwogen, darin die vielen wettergrauen Preßhausdächer standen und zogen schier wie verlassene klobige Floßhütten. Deine Kronen, Büsche und Wipfel aber schäumten vor blitzendem, segnendem Blühen, schlugen hochauf Wellen und Wände. Märchenfestlich war es, unsagbarer Traum der Wirklichkeit. Ab und zu strahlte lichtgetroffener Löß, pures steinchenblitzendes Gold, zu Dir empor, oder eine glühweiße Preßhauswand schimmerte trunken auf, und über allem gurrten Wildtauben, Bienensang summte und schwoll. Rotschwänzchen schlugen und schwirrten im goldenen Blau, der Kuckuck schrie, und bald da, bald dort rief der Pirol das kunstvolle Spiel seiner gipfelnden Töne in Deinen hochfestlichen Morgen, Du strahlend verborgene Maienbraut.

Draußen auf freiem Feld standest Du links und rechts neben dem Karrenweg wie ein unbeschreiblich schimmerndes Spalier. Weithin die grünen Äcker und Weingärten und mitten durch sie eine prunkende Straße hochhin wallender Blütenbäume. Was sind Pylonen, Tannenkränze, Steinsäulen, Zierlauben? Von niemandem gerufen, von niemandem gezogen, stehst Du kraft Deiner selbst, kraft der Erde, die Dich bringt, kraft der Sonne, die Dich krönt, triumphierst Du zu beiden Seiten, sonneblitzende Funkenpracht.

Tausendfältig bricht sich zwischen überquellendem, sanftweißem Blühen, rotbraunen Kelchen und lenzgrünem, leise federndem Blättergefieder felderweit strömendes Licht, taucht Dich in ein lerchenhohes, morgenjubelndes Fest. Andächtig gehen die Mädchen hin und lassen sprühende Maientrauben auf ihren Händen glänzen und ruhen, zu wissen, daß dies alles wirklich ist. Wunderbares Arom umschlägt die Wandernden, stark, doch über alles edel. Schon aus dem Kellertrift war der duftblühende Ruch wallend emporgestiegen. Es ist, als ziehe er machtvoll über alle Raine und Bäche, über Berge und Sterne.

Einmal risset ihr Buben viele Blüten ab. Ihr löstet die Blütenblätter von den Kelchen, von Griffel und Narbe, und die vielen, vielen Fruchtstände warfet ihr jeder in euren Hut. Ihr rafftet um die Wette und wer seinen Hut voll hatte, begann lüstern zu schmausen. Ach, gleich eine ganze Handvoll auf einmal mußte es sein, wie schmeckte es köstlich! Aber bald widerstand euch die urhafte Kraft der starken glühduftenden Süße. Ob ihr wolltet oder nicht, ihr mußtet, was euch soviel Eifer und Naschlust abgefordert, achtlos verschütten. Dies war eine rasche Lehre, die Du den Ehrfurchtslosen erteilt hattest.

Weihevoll begegnetst Du Kindern und großen Leuten zu Fronleichnam.

Man lag frühmorgens noch zu Bett, da scholl von der Gasse vielstimmiges Pinken und Klingen. Die Bauern schlugen mit dem großen Wagennagel – er hält die Zugwaage an die Deichsel – schmalrunde Schächte in die hartgetretenen Steige. Darein stellten sie zu beiden Straßenseiten schöne, schlanke Akaziestämme. Der ganze Ort war eine einzig grün wehende Ehrenpforte, durch die purpurner Himmel, goldene Monstranz, funkelnder Weihrauch, Glockenklingen, Musik und Chorgesang zogen. Den Boden der robiniengrünen Gasse schmückten dunkelblutrote Pfingstrosenblätter und kleegrünherzflammroter Esparsett.

Vor wenigen Tagen mußte ein Freund auf seinem Weg plötzlich inne halten. Da stand ein Akaziebaum, dem waren die schweren Bretter einer Lorwand in den Leib genagelt worden, und immer wieder hatte man ihm Jahre her Scheitel und Arme abgeschnitten. Der Strunk klaffte und trug Narben von brechenden Kräften der Regengüsse, der Winde und des Eises. Zersprungene Rindenstücke hingen um sein gequältes Holz und der Beschauende hatte das Gefühl, wollte man ein Stück davon abbrechen, fielen Staub und Moder daraus. Doch aus all dem Zerstören und Hinsinken griffen schlanke, jugendglatte Stämme hoch in sonnfunkelnde Lüfte, leicht gebräunt oder schimmergrau mit bläulichem Glanz darin, braunschwarze, wildstarke Dornen starrten daraus, und rund um die herrlichen Äste, rund um die glückhaft sprossenden Zweige schwang in leisem Anhauch zartspielendes Blätterwehen und überschäumende Traubenpracht. Oft hingen gleich dicht neben wallendem Blütenweiß die grauschwarzen Schoten des Vorjahrs. Dies darf man Beispiel nennen: Unter maiblauem Himmel bietest Du, Unzerstörbarer, Sieghafter, in trunkener Gelassenheit neben schwelgender, jauchzender Freude den Tod.

Noch eines sei Dir vermerkt: Als über Tausende Menschen die Nacht zusammenschlug und sie ihre Häuser, ihre Straßen, ihre Äcker und Weinberge verlassen mußten, kamen viele von ihnen ins niederösterreichische Land. Als Winter werden sollte, holten sie, die Betrübten, Frierenden, Dich Zahlreichste, Dich Ungeschonte. Sie holten Dich von allen Bächen, Rainen, Wegen, Gstetten. Herzlos – so schien es – fällten sie Dich. Auch viele andere, obschon nicht landverwiesen, mußten Gleiches tun. „Der brennt zweimal", sagte eine Frau, als ein hoher, ästeschwingender Schubkarren durch die Gasse fuhr.

(Einmal beim Einlegen, wenn man sich die Finger sticht, und einmal im Ofen, meint der Doppelsinn überlieferter Rede.) Aber wer konnte in diesen Tagen auf blutende Hände schon achten?

... Du gabst auch darin mehr als die anderen: Du brennst grün! Wahrlich, Du flammtest, tostest wie Schwefel. Unzähligen warst Du in diesem brüderlosen Winter die einzige Flamme, die sie wärmte. – Längst hast Du das große, landweite Reuten überwunden. Wieder leuchten von allen Hängen und Hügelkuppen Deine schneeweißgrünen schimmerwehenden Wogen, Herzbilder der Heimat, Symbole der Unversiegbakeit, allmächtige Blütenfeste, deren Zweige und Blätter untergehen im Reichtum des Jubelns.

Wie danken Dir jene Mädchen und Burschen, Du großer Traum, nein, Du große Wahrheit von Pracht und Überfülle, duftströmende, blätterbebende, traubenprunkende Robinie! •

weinviertler ode

für gisi

Johannes Wolfgang Paul

in weiten körben tragen die frauen sonne
lorbeer und oleander säumen den aufgang
zur schneeweißen residenz des sommers
zahnlos gähnend
glanzlos blickend
die verwaschenen pranken auf kies
und kamillen gepreßt
lassen steinlöwen kinder
über stufen und gras
durch bürgerliche alleen
dem großen gefolge des staubes
entgegenlaufen
niemand
spannt zur begrüßung den schirm auf
wenn der graue könig
aus seiner kutsche steigt
nur die statuten
um die aschebedeckten mahnmale
stehen stramm
wenn die livrierten fasane
sich wichtig machen
der mais
trockene feuerwerke abschießt.
die bäche haben den aufruhr verlernt
erstickt in brackiger sättigung
die disteln fahren sich übers
landarbeitergesicht

die zwiebeln reiben sich
raschelnd die hände
in dunklen mäandern
züngeln die gurken

wer aber findet sich
radial zurecht
filtriert den ursprung
aus dem glast?
der scharfe veltliner
der samenduft der kastanien
deine brüste?

daliegen
wie die einsame bahnstation
an einem julisonntag
nicht mehr
auf pfeifsignale und fähnchen warten
auf verschubkommandos und fahrgäste
da sein
wie das verfallende milchcasino
der verwachsene weg
triebe binden und
hoffnungen wipfeln
terrassen anlegen
und wieder verwehen lassen

sich in den geiz des himmels fügen
aufsteigen wie die märzsonne
und rückwärtseinschneiden
am höchstpunkt
felle umlegen
leise durch nebel und schnee stapfen

da sein
nicht fragen
denn nicht im erkennen
sondern im schauen
liegt glück

Der Himmel im Keller

Alfred Komarek

Für Kinder gibt es märchenhafte Brunnen, durch deren angsterfüllte Dunkelheit der tiefe Fall in eine verzauberte Welt gelingt. Für Erwachsene gibt es die Kellertüren der Preßhäuser als geheimnisvolle Durchlässe zwischen Oberwelt und Unterwelt, zwischen heller Vernunft und dunkler Klarheit. Im Preßhaus herrscht der Mensch, tut den Trauben Gewalt an und scheucht den Most ins Gebinde. Im Keller regiert der Wein, gärt hitzig, schäumt trübe, klärt sich und reift, ohne irgendjemanden zu fragen, ob er darf. Wer ihn liebt, wer seine Launen erträgt, seine Schwächen kennt und an seine Zukunft glaubt, darf ihm beim Werden helfen. Wer zum Wein hinuntersteigt, liefert sich ihm aus und wird dafür belohnt. Viele sind diesen Weg in die dämmrige Tiefe gegangen in den letzten hundert, zweihundert, dreihundert Jahren. Ihre Schuhe haben allmählich die Ziegelstufen verändert, Kanten gerundet, Vertiefungen ausgetreten. Unten, auf dem Lehm des Kellerbodens, sind kleine Rippen und Wellen entstanden, die „Schmarotzer". In die Lößwände eingegraben, sind Namen und Jahreszahlen zu erkennen, auch Zeichnungen und krause Symbole: Botschaften an Unbekannt. Die kräftigen Farben der Aussinterungen, wucherndes Pilzgeflecht, weiß oder schwarz, und der nass glänzende „Kellerschlatz" malen wunderliche Bilder; Pflanzen, die viele Meter weiter oben, im Licht, wachsen, zwängen dünne Wurzeln durch haarfeine Spalten und ihre losen Enden drängen aus der Kellerdecke, als wollten sie nach neuem Erdreich tasten. Die schwarzen Reihen der Fässer glänzen matt im Licht und versickern weiter hinten im Dunkel. Es riecht nach Wein, nach feuchtem Holz, nach Leben und nach Vergänglichkeit. Wenn der Weinhauer den Tupfer nimmt, den Weinheber, und auf der Eisenleiter am Faß hochklettert, sich zum Spundloch beugt, ahmt sein runder Rücken den Bogen des Kellergewölbes nach und mit Bauch und Brust gibt er der Biegung des Fasses Antwort. Ein archaischer Kult bringt die Männer hier unten zusammen, mit derben Regeln, ungenierter Lust und heidnischem Behagen. Hier unten hat die Moral von oben nicht viel zu reden und papiererne Ordnung noch weniger. Klar, dass auch Pfarrer, Bürgermeister und Polizisten in die Keller kommen: Doch sie tun besser daran, ihr Amt oben zu lassen.

Die Keller kennen keine Zeit, nicht Jahreszeit, nicht Tageszeit. Sie bewahren ihr kühles Dunkel und wenn Besucher Licht nach unten holen, ist das nicht mehr als ein flüchtiges Aufflackern. Wer Ungeduld mitbringt, wird sie verlieren, wer nach Stunden und Terminen sucht, wird sie nicht finden. Es ist schon vorgekommen, früher einmal, und natürlich in der ruhigen Winterzeit, dass Männer aus dem Dorf tagelang und nächtelang im Keller geblieben sind, sich ihren Rausch geholt haben und gut zu ihm waren, damit er nicht untreu wird. Für die vielen Abstufungen dieser schwebenden Daseinsform gibt es natürlich ein fachkundiges Vokabular: Fetzen, Tampas, Dusel, Schweigel, hot auf, ist angstochen, Klampsch, Kanonenrausch, Potzenrausch, sauft wie a Loch, is angstrudelt, jetzt reißt's na, jetzt hat's na ... Die Frauen haben schulterzuckend das Essen gebracht und die Sauferei hingenommen wie schlechtes Wetter oder eine kranke Sau. Solche sanften Orgien werden ja selten wirklich laut und gerauft wird auch eher im Wirtshaus oder auf dem Fußballplatz. Benimmt sich einer schwer daneben und schüttet zum Beispiel mutwillig Wein aus, ist ihm die Verbannung aus dem Keller ohnedies sicher, und fällt einer um, nachdem er vorher den starken Mann gespielt hat, kann es schon passieren, dass man ihm einen Stecken durch beide Rockärmel schiebt, damit er liegenbleibt, wenn er schon liegt. Außerdem gehört nicht nur uferloses Übermaß zum Leben in der Unterwelt. Im Wirtshaus wird viel geredet, was anderntags nicht mehr gilt. Was im Weinkeller ausgemacht wird, das hält. Im Keller werden Weingärten und Preßhäuser verkauft, Söhne und Töchter verheiratet, Bürgermeister gewählt und der Präsident des Fußballklubs weiß nur noch nichts davon, dass ihn eine Revolution vom Thron fegen wird. Sind die wichtigen Themen erledigt, geht es dann vielleicht noch um die Regierung, die Weltpolitik, um Himmel und Hölle oder auch um die Weiber. Irgendwann hebt einer sein Glas, schaut es verliebt an und sagt endlich etwas Vernünftiges: „Kellerfrisch ist halt kellerfrisch" zum Beispiel, erntet anerkennendes Nicken und weil jetzt alles beredet ist, hüllt behagliches Schweigen die Männer ein. Das sparsame Licht hier unten zeichnet keine harten Konturen, sondern schafft nur eine winzig kleine, matt leuchtende Welt, die unmerklich durch ein schwarzes Universum treibt. Das Dunkel ringsum löst die Beengtheit des Raumes auf: Seltsam, wie gewaltig groß so ein Loch in der Erde sein kann.

Natürlich wird im Keller auch gearbeitet und dazu gehört erfreulicherweise das Kosten, nicht das Verkosten, bitteschön, oder gar des Degustieren. So ein Theater führt man nur auf, wenn Fremde kommen. So lange keiner zuhört, der nicht alles zu wissen braucht, sind ehrliche Meinung, fundierte Kritik und wohlmeinder Rat gefragt. Nachbarschaftshilfe ist an sich schon ein eigenes Kapitel im Weinviertel: In früheren Jahren, als die Dörfer noch wie Inseln im grünen Meer lagen, war jeder auf jeden angewiesen. Das sitzt noch heute tief: Auch Nachbarn, die Streit haben, werden einander notwendige Hilfe nicht verweigern. Im Keller ist diese existenzielle Nähe und Verbundenheit noch stärker spürbar. Zwischen den dickbauchigen Fässern wurde schon so mancher zähe, bittere Streit zwischen Bauern beigelegt, die noch ein paar Stunden zuvor, im Wirtshaus, unversöhnlich zu sein schienen. Der Keller ist aber auch ein guter Platz, um mit sich allein zu sein, nicht einsam, denn hier unten sind die Toten nicht weit weg. Unter der Erde ist es sehr still, nur der eigene Atem ist zu hören. Man hört seinem Schweigen zu, lässt die Gedanken reden und wird einer schmerzlich laut, bekommt er was zu trinken.

Wer in den Keller geht, weiß, dass die eigene, vertraute Unterwelt Teil eines weitverzweigten Ganzen ist, das eigentlich keiner wirklich kennt. Ein respektables Weinviertler Dorf hat ein paar hundert Preßhäuser und ebensoviele Keller, meist ziemlich große, dicht aneinander grenzend, auch in zwei, drei Ebenen übereinander. Ein Keller ist ja eine merkwürdige Art von Besitz: Nicht wirklich Grundeigentum; es steht zwar „Preßhaus mit Keller“ im Grundbuch, aber nichts über Lage und Ausdehnung unter der Erde. Der Boden darüber gehört nicht dazu, wohl aber dürfen Dunstlöcher nach oben führen, und der Grundeigentümer muss auf sie achten. Wer seinen unterirdischen Besitz erweitern will, braucht kein Grundstück zu erwerben, er muss nur graben und darf dabei andere Keller nicht gefährden. So geht das seit hunderten von Jahren. Doch es gibt keine Pläne, keine schriftlichen Aufzeichnungen. Bekannt ist nur jenes Wissen, das von Generation zu Generation mündlich weitergegeben wird. Eigentlich tröstlich, diese unterirdische Anarchie, in einer umfassenden, penibel festgeschriebenen und gnadenlos geregelten Welt. Keller waren auch zu allen Zeiten gute Verstecke. In unsicheren Zeiten verschwanden Wertgegenstände im Lößboden, Waffen wurden vergraben. So berichtet zum Beispiel der Bauer Georg Anger aus Ketzelsdorf in seiner Chronik: „... so ist den 24. November (1805) der Franzoß komen ... so fangen die Leute schon ihr weniges Vermögen, zum Verstecken an, in Kellern und Kammern, und verschiedenen Orten, was sich nur vermauern ließ, Kerndl, Wein, Bettquand, mit einwort alles ist in Leopoldi Tag vermauert, der war in einen Freytag, den 15. November. Was gescha, ich und Schullehrer Keckh, gingen in Leopolti, gegen Abent in Keller, um zu sehen, daß neugemauerte auszusehen, da hert man wie es still ist, viele Kanonenschüsse in der Weite ..."

Als Verstecke für Menschen waren die Keller allerdings nur bedingt geeignet, weil gefüllte Fässer natürlich Feinde aller Art anlockten. Manchmal wusste man sich aber ja doch zu helfen. In einem Keller, wird erzählt, gruben gegen Ende des Zweiten Weltkrieges Deserteure auf halber Höhe eine Fluchtnische in die Wand. Dann setzten sie den Keller einen guten Meter tief unter Wasser, damit er einen verlassenen und unbrauchbaren Eindruck machte. Alle erlebten das Ende des Krieges, bis auf einen, den beim Graben der Nische ein großer Stein erschlagen hatte. War eine Kellergasse versteckt angelegt und weit weg vom Dorf, kam es auch vor, dass sich in Kriegszeiten die ganze Bevölkerung in der dunklen Tiefe verbarg, düster wissend, dass ihre Wohnhäuser geplündert wurden.

Einmal im Jahr werden Keller auch in friedlichen Zeiten gefährlich. Kurz nach der Lese, wenn der Most in den Fässern schäumt, bildet sich Gärgas, Kohlendioxid. Dieses geruchlose Gas ist schwerer als Luft und liegt wie ein See über dem Kellerboden. Der Spiegel steigt rasch bis an die Kellerdecke. Wer dann nach unten geht und nicht sofort beim ersten leisen Anzeichen von Beklommenheit kehrt macht, ist so gut wie verloren, und oft genug kommt es vor, dass Helfer sein Schicksal teilen, weil sie zu viel gewagt haben. Auch hilft es wenig, mit einer brennenden Kerze in den Keller zu gehen: Wenn die Flamme erlischt, ist es meist schon zu spät. Jedes Jahr gibt es Gärgastote und merkwürdigerweise trifft es fast immer Leute, die mit der Gefahr vertraut sind. Leichtsinn spielt natürlich ein Rolle, nicht ganz nüchterne Prahlerei. Aber der

Spuk ist bald vorüber und dann dürfen auch Gäste aus der Stadt in die Keller tauchen um zu kosten und hoffentlich einzukaufen. Da stehen sie dann ein wenig ängstlich unter den unbefestigten Gewölben aus Löß, schauen scheu in dämmrige Nischen und spüren, dass sie hier sehr fremd sind. Doch es dauert nicht lange, bis sich freundliche Geborgenheit einstellt. Wer einmal damit angefangen hat, Bekanntschaft mit Weinkellern zu machen, wird immer wieder neue kennenlernen wollen. Jeder Keller hat seine besondere Eigenart. Es gibt winzige und es gibt riesige Keller mit allen Größenordnungen dazwischen, gerade oder krumme Keller, gekreuzte, verwinkelte, schlichte, selbstbewusste und protzige Keller. Manche, wie das Gesamtkunstwerk Weberkeller in Röschitz, sind berühmt, andere berüchtigt, wie jener in Obritz zum Beispiel, der sich jeder arbeitstechnischen Vernunft spottend, in die Tiefe schraubt und in einer heimeligen Nische endet. Dort sitzt ein bärtiger Weinhauer wie die Spinne im Netz, zückt seinen schweren Roten und das Ende ist fürchterlich. Weinkeller im Weinviertel: Hunderte Kellergassen, tausende, abertausende Keller in verwirrender Vielfalt und doch durch ein schlichtes Prinzip verbunden: Nützlichkeit und Genuss.

Irgendwann geht auch die ungemessene Zeit im Keller zu Ende. Der Weg führt Stufe um Stufe nach oben, die Kellertür öffnet sich ins Preßhaus. Noch liegt eine Ahnung von Wein in der Luft, doch dann, draußen, zwischen den Weingärten, fährt einem die nüchterne Wirklichkeit ins Gesicht und macht ein wenig taumelig. •

Franz

Ein Leidensweg in 14 Stationen

Norbert Silberbauer

Als kleine weiße Rechtecke überragen in der Ferne, aufgereiht wie Dominosteine, die Lagerhaussilos die alten Kirchen, das einstige, nicht zu überbietende Maß für das höchste Bauwerk im Ort, das Gott gewidmet war und seinem Kreislauf des Lebens: Geburt, Hochzeit, Tod. Aber schon längst bestimmt nicht mehr dieser alte Herr mit dem Rauschebart die Geschicke der Menschen, alle Glückseligkeiten verkauft nun die Genossenschaft, ihr werden die letzten Habseligkeiten geopfert, sogar die Töchter und Söhne, die in den Büros und Lagerhallen verkommen. Sich selbst zum Herrscher über Leben und Tod ernannt, verteilt die Genossenschaft die neuen Sakramente: Kredite, Subventionen, Darlehen, in nomine patris et filii et spiritus sancti, amen, vor den Schreibtischen der Verwalter beten kniend und im schönsten Auszug die Gläubiger um Gnade und fürchten die schrecklichen Strafen, der Herr hat's gegeben, der Herr hat's genommen. Keinen stören mehr diese weißen Betonklötze, sie sind Teil der Natur. Der Pfarrer hat ausgedient, der alte Pfarrhof beherbergt das Heimatmuseum, von dem man annimmt, es sei schon immer ein Heimatmuseum gewesen, ein Pfarrer erteilt alle vierzehn Tage den Segen aus dem Seitenfenster eines Golf Diesel. Nur die Alten erinnern sich noch an den letzten hiesigen Hochwürden. Die Menschen sind aufgeklärt, haben die Mythen, Sagen und Gebete verloren, nur ihre Resignation ist geblieben.

Zwischen den Orten, am Horizont, zerschneiden Pappelreihen die hiesigen Felder, kreuz und quer hängende Hochspannungsleitungen teilen den Himmel. Die Chemie ersetzt die Kraft der Böden, Einheitskulturen tauchen das Land in stumpfsinnige Langeweile, wo einstmals eine bunte Vielfalt des Notwendigen wuchs: Getreide, Kartoffel, Mais, Rüben, was immer.

Er fährt in der mit jeder Ortschaft dichter werdenden Kolonne, einer wie der andere, der Kofferraum voll Obst, Gemüse, Blumen oder Fleisch, beim Bauern gekauft oder von den Eltern mitgegeben, kein Überholen möglich, trotzdem überholen einige, als ob sie den wenigen Entgegenkommenden böse wären, weil die in die andere Richtung fahren, weg von der Großstadt.

Die Dörfer am Wege sehen alle gleich aus, sein Dorf heißt nur Stadt, urkundlich erstmals 1187 erwähnt, irgendwann von Gesetzes wegen dann zur Stadt erhoben, aber der Ort bleibt ein Dorf, bloß ein paar öffentliche Betonklötze mehr. Im Westen beginnt das Waldland, im Osten das Weinland, seine Stadt genau an der Grenze. Damals bauten sie dort ihre Häuser aus Stein und Holz, hier aus Lehm und Stroh. Das eine Land fruchtbar, dicht besiedelt, zerstört, das andere Land karg und verlassen, die Felder seit Jahrhunderten voll von Steinen, als ob vor langer Zeit ein braver Christ dem Teufel seine Seele versprochen hätte und zur Strafe die Steine auf die Erde regneten. Keine Erlösung.

Heute verschwinden Westen und Osten, überall zieht der Fremdenverkehr ein, bei den Heurigen verdoppeln sich die Preise und verkleinern sich die Brote, die Einheimischen sind unerwünscht. Nur an bestimmten Tagen dürfen sie die alten Bräuche wieder ausgraben und vor videogeilen Touristen böse Geister vertreiben oder Sonnwendfeuer anzünden. Die alten Segenssprüche helfen längst nicht mehr.

Sonst im Land überall Barock. Barocke Kirchen, Gutshöfe, Schlösser, Klöster, Kapellen. Was nicht einmal die Genossenschaften und Baumärkte mit ihren Tiroler Zäunen, Alufenstern, Blechtoren und Sonderangeboten schaffen, hat das Barock längst erledigt, die größtmögliche Gleichmacherei, die Zerstörung der Architektur und Landschaft. Renaissancefassaden wichen barocker Ornamentik, gotische Altäre fielen schwülstigen Barockbildern zum Opfer, romanische Fresken verschwanden hinter aufgemaltem Marmor. Die Menschen gleichen dem Barock, fett, falsch und scheinheilig.

In den barocken Bauten wohnen reiche Großstädter, oft abgetakelte Operettensänger oder Burgschauspieler, manchmal im barocken Schloß noch die Herrschaft, der Herr Baron oder Graf. Das Land hat sich nie verändert, es war und ist resistent gegen alle Neuerungen, die nie die Menschen veränderten, sondern zufällig mit diesen übereinstimmten.

Hin und wieder biegt einer aus irgendeinem Grund von der breiten Schnellstraße ab in die nur mehr von Traktoren benützten alten Alleen, die meisten sind verstümmelt, amputiert, nur mehr auf einer Seite stehen Obstbäume. Der Abbieger bleibt dann stehen, unterbricht das sonntägliche Hetzen in die Großstadt und in die Arbeitswoche, er wundert sich über die anderen Großstadtfahrer und über sich selbst, weil er doch üblicherweise zu ihnen gehört. Wie das Leben in vergangenen Zeiten ausgesehen haben mag, denkt der Betrachter, er möchte die Zeit zurückdrehen, die große Zeit und seine kleine Zeit, nur ein paar Jahre. Er wartet auf die Nacht, ißt die Früchte der Allee, die Schnellstraße neben ihm fast leer, nur ein paar umso schneller fahrende Nachzügler. Riesige Strohrollen ragen wie Megalithe aus vorchristlicher Zeit in die heraufziehende Dämmerung. Die dunklen Hügel am Horizont gleichen hingefallenen oder ruhenden Bergen. Für Momente, in einem besonderen Licht, scheint es, als wollten sich die Hügel noch einmal aufrichten, aber sie bleiben liegen, selbst sie haben alles satt. Der Abbieger möchte umkehren, neu beginnen, schließlich fährt er doch den anderen nach, beim Einsteigen in das Auto denkt er noch, man müßte zwischen zwei Sternen ein Seil spannen und sich daran aufhängen können.

In allen Richtungen ufern die Dörfer und Städte aus, sie zersetzen und zerfressen eine ohnehin kranke Natur, Neubauten wachsen aus dem Boden, Wege, Straßen, was immer.

Irgendwo dazwischen ein zu einem stinkenden Rinnsal regulierter Bach, links und rechts sauber gemähter Rasen, exotische Ziersträucher in alten Fässern oder Schubkarren, eine hölzerne Weinpresse als Wegweiser. Die hier Lebenden sind zu einheimischen Fremden oder fremden Einheimischen geworden, ihre Kultur hat sich in der Gleichzeitigkeit des Ungleichzeitigen verloren, in der alles möglich ist oder nichts, und weil sie alles hassen, was ihnen fremd scheint oder der Bauer nicht frißt, was er nicht kennt, hassen sie sich selbst und ihre Geschichte, die sie für die Vorstellungen der tatsächlichen Fremden verleugnen. Beim jährlichen Erntedankfest jodelt im Festzelt ein Japaner, zu späterer Stunde tönen die üblichen Nazilieder, während draußen die Kinder mit Schreckschußpistolen herumschießen, am Sonntagvormittag eine Feldmesse, ein Bauernmarkt mit Bauernfressereien und Bauernkitsch, hernach ein Gummistiefelweitwerfen, zum fröhlichen Ausklang schreibt ein Fußballstar Autogramme.

Mit dem Ende des Wochenendes sterben die Dörfer und die zu Kleinstädten gewachsenen Dörfer aus, die wenigen, noch verbleibenden Alten hocken vor den Fernsehapparaten, sie erkennen ihre eigene Umgebung nicht mehr, die Gehöfte verfallen oder sind von Fremden bis zur Unerkennbarkeit renoviert, die paar Großbauern stocken auf und bauen aus. Früher saßen die Alten noch vorm Haus oder vor der Kirche, krumm gewordene, Kopftücher tragende Weiberleut', ohne ihre Männer, die schon längst am Friedhof lagen, gefallen im Krieg oder im Wiederaufbau. Im Kameradschaftsbund marschieren heute die Enkelkinder voran. Wenn einander die Alten treffen, beim Arzt oder beim Bäcker, der täglich mit einem Kleinbus Semmeln und Milch bringt, dann reden sie nur vom Sterben, bei jeder Gelegenheit und jedem erzählen sie die immer gleichen, verwechselbaren Geschichten. Als junges Mädchen noch im Dienst, die Heirat, der Mann gefallen in Stalingrad, die Russen, denen sie mit List und Tücke entgingen, sodaß letztlich nie eine vergewaltigt worden war, am Ende ihrer Lebensabrechnung die Einsamkeit, die undankbaren Kinder, die sich nur mehr die Pension abholen, die Krankheiten, Verletzungen, ihr Herrgott und der Tod, der gnädig sein möge. Sie wetteifern um den längeren Spitalsaufenthalt, vergleichen die Qualität der umliegenden Krankenhäuser, zeigen manchmal die Operationsnarben. Vom Schlaganfall reden sie, als wäre er der beste Freund, er heißt Schlagerl, aber der beste Freund solle doch zuerst die anderen heimsuchen, stirbt einer, schütteln sie den Kopf, mein Gott, so jung oder so alt, nichts gehabt vom Leben und so. Sie tragen ihre Heiligen und ihre Krankheiten in der Handtasche, Heiligenbilder und Medikamente. Zur Goldenen Hochzeit sei auch der Herr Bezirkshauptmann gekommen, einen Geschenkskorb hätten sie gekriegt, nur die Dauerwurst hätte der Opa nicht beißen können, am Begräbnis so viele Leut', jeder der in der Großstadt hineinziehender Pendler könnte die Geschichte seiner oder der anderen Großeltern erzählen, die einem immer noch Geld zustecken, als müßten sie ihre Leiden künstlich verlängern, wenn sie auch das wenige opfern, als wollten sie möglichst nackt und arm vor ihrem Schöpfer hintreten, schämten sie sich für das bißchen Wohlstand, das bißchen Aufbegehren und die viele Schuld. Nur die Fremden sehen in ihren faltigen Gesichtern

Bescheidenheit, in ihren alten Kleidern Armut, in ihren gichtigen Fingern Arbeit, die Enkelkinder erinnern sich an Schläge, Schauergeschichten, Naziorden und Bosheiten gegen die Nachbarn. Solle er nun von seinem Land gehen, denkt er, oder müsse er bleiben? •

Am Dorfbrunnen

Michael Krickl

In der Mitte des Dorfes, gerade gegenüber unserem Hause, unterbrach die langgestreckte Häuserreihe ein weiter, grüner Anger. Jahraus, jahrein waren hier die Gänse versammelt, erzählten und schnatterten und führten Krieg gegeneinander, daß die weißen Federn wie große Schmetterlinge in die Luft flogen. Um den Anger herum standen alte, dickköpfige Weiden mit hohlen Körpern und feinen, biegsamen Gerten, die wir uns im Frühling, wenn der Saft in sie stieg, abschnitten und Pfeiferl und Flauten daraus machten. Zur Straße zu lag die Schwemme mit ihrem schlammigen, g'murrigen Wasser und drei Spitzpappeln standen an ihrem Uferrand. In ihren schlanken Kronen hatten die Spatzen ihre schlampigen Nester und Sommer wie Winter ihre Schlafgemache.

Im Schatten dieser zypressenartigen Bäume war der Dorfbrunnen; die Leute nannten ihn den „Gmoabrunn". Ein graues Häuschen aus festem Bretter- und Balkengefüge mit einem giebligen, moosüberwachsenen Dach stand über seinem lichten Wasserspiegel. An der Straßenseite war das Dach offen, vielmehr hatte es ein Falltürl, aber das war nie zu. In zwei Gabeln lag der „Brunnhagl".

Wir Kinder saßen gerne um das alte Brunnenhäuschen, besonders im Frühling, weil es die Sonne da gar so gut meinte, hatten daneben im weichen Boden unsere Grübchen und spielten mit Knöpfen und gelben und roten Kugeln. Dann wieder lehnten wir an der Holzbrüstung der Öffnung, hatten unsere Oberkörper weit vorgeneigt in den düsteren Raum, schauten in den klaren Wasserspiegel, auf dem die Sonne, die durch die Astlöcher und Spalten des Bretterdaches schien, goldglänzende Flecke und leuchtende Linien zeichnete. Wir freuten uns, wenn unsere Gesichter aus der Tiefe schauten, und machten allerhand Grimassen, dumm und gescheit, freundlich und böse und schreckhaft. Aber je länger wir das Spiel trieben, desto deutlicher erschien der Grund des Brunnens und wir konnten die vielen Steinchen und Steine zählen und die Scherben des braunen Kruges, der uns im Vorjahr, als wir ihn voll mit dem „Brunnhagl" heraufziehen wollten, an die eckigen Bruchsteine der Umfassung gekommen und in Stücke zerbrochen war. Nun waren freilich die Teile schon mit einer grünen Schicht überzogen und schillerten wie Smaragde aus der Tiefe, daß wir nicht satt werden konnten, sie mit unseren Augen zu suchen und immer wieder anzuschauen. Freilich hätten wir die Schätze gerne heraufgeholt und in der Sonne leuchten lassen, aber der Haken war zu kurz. Wohl beugte sich der Fritzn-Josef mit dem ganzen Oberkörper über die Brunnenwand und wir hielten ihn an den Füßen, daß er nicht hinunterfalle, hatten auch die Stange des „Brunnhagls" verlängert, aber die Dinge ließen sich nicht fassen, glitten immer und immer wieder ab, fielen auf die andere Seite und waren dann nimmer schön.

Wir Buben vom Mitterort, um den Anger und um die Schwemme herum, waren nicht wenig stolz auf unseren Brunnen und seine Schätze und prahlten oft den anderen Buben gegenüber, aber sie sagten: „Der g'hört jo goa nit eng, der g'hört jo da gonzn Gmoa!"

„Aber wonn mia nit wölln, derf's eng ös koa Wossa holn!"

„Do kimmt holt unser Votta, do werd's glei' renna!" erwiderten sie uns.

Angesichts solcher Macht konnten wir nichts mehr sagen, taten als ob wir nichts gehört hätten und gingen unserer Wege auf dem Anger, wo die Gänseblümchen blühten, oder zum Graben, wo lehmiges Wasser floß, und machten eine „Schwöll".

Mit der „Gmoa" haten sie recht. Vom Ober- und Unterort, von der Zeil und vom Bergl kamen die Leute und holten sich beim „Gmoabrunn" Wasser. Besonders am Morgen von Fasttagen, wenn die Mütter zum Mittagessen „Fisolen und Zweckerln" richteten. Der Brunnen hatte weiches Wasser, darin sich die harten Bohnen leicht und weich kochten. So wußten wir, wer im Dorf dieses besonders schmackhafte Gericht bekam, das in dieser Zusammensetzung nirgends sonst so oft und so gerne gegessen wird wie in meiner Heimat. Und wenn mich auch Menschen ob der „Fisoln und Zweckerl" oder der „Fisoln und Wuchtel" oft verlachten, daß man so etwas nicht essen könne, so freue ich mich doch immer wieder, wenn dieses Essen auf den Tisch kommt und bin dann ganz daheim und sehe sie alle um mich: Vater und Mutter, den

Knecht Foltyn und die Magd Lena und die Tagelöhner. Freilich behaupten diese, daß man Zweckerl mit Fisoln nur mit Wein hinunterbrächte und nicht mit „Gmoabrunnwasser". Von dem bekäme man Flöhe im Magen. Aber wenn zur Erntezeit die Erde ausgetrocknet war, daß sie weite Sprünge und Klüfte hatte, die Sonne glühendheiß auf das ebene Land herniederbrannte und der Bach kein Wasser mehr führte und die Hausbrunnen versiegt waren, dann kam auch bei ihnen der Dorfbrunnen zu Ehren, dann konnte er nicht genug Wasser geben, all die irdenen „Blützer" zu füllen, die sie dann mit nassen Tüchern umhüllten und auf dem Wagen in feuchtes Stroh steckten, daß ihr Inhalt kühl bliebe und ihnen Erfrischung gebe bei der harten Arbeit auf dem Felde.

Desto lieber und länger rastete man am Abend – beim „Gmoabrunn". Wenn die Sonne hinter die Bäume des „Haseneck" geschlüpft war, dann kamen die Mädel zum Dorfbrunnen und zur selben Zeit hatten auch die Burschen den gleichen Gedanken und so trafen sie sich am Brunnhäuschen, ließen mit dem „Hagl" das Büttel in die finstere Tiefe und zogen es mühsam herauf. Da brauchte man schon Hilfe und ein fester Bub ist schon etwas wert. Und dann war ein Kichern und Lachen, ein heimliches Getuschel, bis andere kamen und die ersten mahnten: „Geht's hoam und woackt's engari Fisoln ein, sunst wern's eng nimma woach!" – „Tuit's na auf d'engarn schau'n, de unsarn wern scho' zu der Zeit woach sein!" war die Antwort.

Wir Buben wären schon auch noch gerne des Abends vor das Haus gegangen und hätten auf die Dinge gelauscht. Aber der Vater duldete solche nächtlichen Vakanzen nicht. Und wenn wir an Sommertagen vor dem Schlafengehen noch zur Schwemme liefen, um uns die Füße zu waschen, und wir diese Reinigung zu sehr in die Länge zogen, erklang schon der Ruf vom Tor: „No, wie lang dauert denn des Fiaßwoschn!" – Ein zweites Mal ließen wir uns nicht mehr mahnen.

Die Mutter hatte es nicht gerne, wenn wir beim Brunnen spielten: „Oes wird't's no amol oans owifolln!"

„Mia pass'n eh' auf!" gaben wir zurück und liefen zum Tor hinaus.

Aber einmal bekamen wir doch vor dem Brunnen mit den hölzernen Häuschen eine seltsame Scheu. Eines Frühlingssonntags, als ich krank war und niemand bei mir in der Stube war als die Mutter und ich sehnsüchtig nach dem Brunnenhäuschen hinübersahen, wo die Brüder und die Nachbarbuben im Sonnenschein Eier peckten, Kugeln schoben und Kreuzer rennen ließen, da begann sie auf einmal entgegen ihrer sonstigen Gewohnheiten zu sprechen: „Ja, so hot unser Julerl a amol beim Gmoabrunn g'spielt!" – „Is des mei Schwester g'west?" fragte ich. – „Ja, das is dei' Schwester g'west. Sie is so a guits Kind g'west und hot goa nit g'klogt, wias ollaweil weniger worn ist und na mehr wia a Schottn on der Wand i der Sunn' g'sess'n is. D'Holter-Seppl hot den Schroa g'hert, wia er die Gäns g'hiat hot aum Anger und hot de Buim und Menscha gonz g'starr um den Brunn steihn g'segn. Dos is eahm nit richti vorkemma und er hot glei' a Unglück g'ohnt. Er hot's später sölwa dazählt, wia er wüld durch die Gäns' g'rennt is, daß s' aufg'schrian hom und ausanandg'flogen san. Unt'n im Brunn is d'Julerl mit ihrn Handerln on den Stoanan g'hängt, 's Wossa is ihr bold bis ons Mäul gonga. Z'schert hot er sie g'schreckt, wia er die Augn g'segn hot! Gonz scheizbar hot's g'schaut. Donn ober hot er den Brunnhagl packt und hot'n vakehrt in Brunnen g'steßn, daß er mit'n Hagl obn an der Bretlkantn hänga bliebn is. ‚Julerl', schreit er, ‚pock de Stonga und mit d'Fiaß spreiz die on d'Stona!' – Sie g'längt noch der Stonga, foßt s' z'erscht mit oan Handerl, nocha mit'n ondern, spreizt sie mit d' Fiaßarl in die Löcher zwischen den Stoanarn und is longsom hecha g'stiegn, bis s' da Sepperl bei d'Händ dag'längt hot. Das Gwandl hot tropft und sie hot g'schnoppert. ‚Sepperl', hot s' g'sogt, ‚i setz mi i d'Sunn, daß ich trucka wir. Aber du sogst nix unser Mutter!'

G'sogt hot er nix, owa mia hom's kennt und sie hot's sölwa beicht. Des is ihr letzter Summa g'west. In Fruahjohr drauf is g'storbn." - - -

Da stockte ihre Stimme und sie tat, als ob sie sich das Haar von der Stirn streiche. Aber ihre Augen waren feucht.

Draußen hatte der Schatten der Nachbarhäuser das Brunnenhäuschen erreicht und die Buben und Mädel wichen von ihm und sprangen gegen den Anger, der noch voll und ganz in der Sonne lag, und spielten „Leih' ma d'Schar!" - - -

Heute ist der Platz um den Brunnen verbaut. Der Brunnen selbst ist mit einer schweren Betonplatte geschlossen und eine eiserne Pumpe hebt das

Wasser aus dem dunklen Schacht, in dem einst d'Julerl zwischen Tod und Leben gehangen und aus dem sie Viehirte Sepperle gezogen. D' Julerl ist tot, der Sepperl ist heimgegangen, die Mutter schläft schon lange hinterm Wachtberg und mancher, der mit mir am „Gmoabrunn" gespielt, in den klaren Wasserspiegel geschaut und am Grunde die Steinzeichen gezählt und die Scherben des smaragdgrünen Kruges aus der Tiefe heben wollte. •

Der Schimmel aus der Grundlos

Rudolf Fürnkranz

Vom Fahrweg aus, der am Damm vorbei in die Ried Quallern führt, sieht man in der Senke vor den Bruchsteinmauern des Mailberger Johanniter-Schlosses den Rest des einstigen Wassergrabens. In meiner Kindheit befand sich hier ein kleiner Teich, die „Grundlos“, ein dunkles, mooriges Gewässer, von Schilf und Rohr eingesäumt. Schlankes Binsenkraut bildete Höcker im hohen saftigen Wiesengras. Zwischen den gelben Sumpfdotterblumen und anderem rosa, blau und violett blühendem Gewächs taumelten in den sommerträgen Nachmittagen Schmetterlinge unterschiedlicher Größe und in bunten Farbenspielen von Blüte zu Blüte. Schwalben pfeilten lautlos über die Wasseroberfläche, zogen hoch in den Äther, von wo das Tirili der Lerchen erklang, die in uneinsehbare Höhe gestiegen waren.

Wir Kinder hielten uns gerne auf dem Damm auf. Dort standen alte Linden und Kastanienbäume, knorrig, ausladend, bergende Schatten spendend. Anheimelnd rauschten ihre Kronen, und wenn unsere Schar nach erhitzendem Spiel unter ihnen auf der Dammschräge ruhte, verloren wir uns bald in Tagträumereien. Langsam schlossen sich die Lider und fantasiereiche Bilder zogen durch unser weites Innen, während die Münder rastlos an saftigen Binsenhalmen kauten.

Ich mag vier Jahre alt gewesen sein, als ich an einem späten Sommernachmittag mit meinem Großvater vom Acker in der Ried Quallern über den Damm dem Dorf zuschritt. Meine Hand war in seine geglitten. Ich sah von oben in das unbewegte dunkle Wasser der Grundlos, die von den Leuten auch „Donauschwemme“ genannt wurde, und hing meinen kindlichen bildreichen Gedanken nach. Da lagerte sich Großvater, was er nur sehr selten tat, am Stamm einer der alten Kastanien und zog mich an seine Seite. Wir saßen eine Weile schweigend und schauten zum mächtigen Schloss hinüber, auf dessen Mauern die tief stehende Sonne einen rosa Schimmer zauberte. Dann erzählte er mir, wie er es oft tat, eine Geschichte, die er wohl selber schon von seinem Vorfahren gehört haben mochte:

Vor langer Zeit, in einer sternklaren Mondnacht, ging ein Mann hier über den Damm. Auf einmal schlug die Schlossuhr Mitternacht. Da rauschte plötzlich das Wasser der Grundlos auf, es teilte sich und ihm entstieg ein prächtiger Schimmel. Er kam ans Ufer, schüttelte schnaubend die Wassertropfen von seinem matt schimmernden Fell, die wie Perlenschnüre auf die Wiese regneten. Er umrundete in feurigem Galopp mit erhobenem Schweif den Teich, dann begann er in der abgelegenen Ecke, wo der Damm an die Grundmmauer des Schlosses grenzte, zu weiden.

Der Mann stand wie angewurzelt und beobachtete das seltsame Geschehen. Er konnte seinen Blick von dem majestätischen weißen Pferd nicht abwenden. Auf einmal verkündete der volltönende Schlag der Turmuhr die erste Morgenstunde, der Schimmel erhob sich auf die Hinterhufe, wendete, trabte eilends zur Grundlos – ein weiterer Satz, und er war lautlos im dunklen Wasser verschwunden.

Seither wurde er nie mehr von jemandem gesehen.

Mein Großvater schwieg wieder und ich schmiegte mich etwas näher an ihn. Ich starrte gebannt in den kleinen Teich, der von dieser Stunde an für mich ein besonderer Ort geworden ist. Oft habe ich später in meinen Tag- oder Nachtträumen den Schimmel der Grundlos entsteigen gesehen, und wenn ich Großvater davon sagte, lächelte er wie einer, der zu wissen schien.

Als junger Mensch, da ich nicht mehr im Dorf meiner Kindheit lebte und mein Großvater schon im Grabe lag, habe ich bei Axel Munthe die Stelle gefunden: Man sagt mir, es gäbe sogar Leute, die in ihrem ganzen Leben nie einen Wichtelmann gesehen haben. Ich habe wirklich Mitleid mit ihnen, es ist ihnen viel entgangen!

Einem Wichtel bin ich nie begegnet, aber der lautlose Schimmel aus der Grundlos kreuzte oft meinen Weg und sah mir mit seinem melancholischen, aber verstehenden und weisen Blick immer wieder tief ins Herz. Mag sein, dass es Menschen gibt, die im Leben weder einen Wichtelmann gesehen haben noch dem Schimmel aus der Grundlos begegnet sind. Ich bedaure sie zutiefst. •

Wenn ein Pfründner einmal Wein will

Theodor Kramer

Wenn ein Pfründner einmal Wein will,
sucht er im Gemeindehaus
eine Harke, eine Schlinge,
und dazu noch eine Schwinge,
geht er auf den Anger aus.

Wo die Erde fett und frisch ist,
gräbt er schwarz dem Maulwurf nach.
Raben krächzen in den Kolken,
leise ziehen weiße Wolken
und die Gräser gilben brach.

Alle Gänge bebt der Pfründner
gründlich aus, die Zunge dick,
faßt die samtnen bei den Fellen,
schlägt die traurigen Gesellen
mit dem Schaft in das Genick.

Mittags mißt der Armenvater
ihm den Trunk zu trübem Rausch.
Faulig schmeckt der Wein, die Krallen
rosenroter Zehenballen
wachsen zart in seinen Rausch.

Frühling im Dorf

Michael Krickl

Nun ist es Frühling im Dorf geworden. Es hat lange gebraucht und der Bauer konnte ihn schon fast nicht mehr erwarten. Aber über Nacht kam's über die Gärten, Wiesen und Felder. Ein paar Tage nach dem unfreundlichen März und schon war's geschehen. Es war, als hockten Blüten und Blätter hinter verschlossenen Türen und warteten nur bis diese durch Sonne und warmen Wind aufgeschlossen würden. Da stand nun auch die Hoftür offen und das große Küchenfenster und alles drängte in den Hof oder vor die Häuser, wo der Boden rascher trocknete. Und nun sind sie auch schon da, die Knirpse mit ihren Kugelsäckchen, graben mit Messer und Hand ein Loch in die glatte Erde und das Spiel geht los: „'s Kuglscheibn". Nein, noch nicht, zuerst wird g'lesslt, wer die erste Kugel scheiben darf. Kugeln aus Marmor, schwarz, grau, rot, weiß gemasert, aus Glas, vielfarbig, haben sie sich eingetäuschelt, beim Greißler gekauft oder irgendwo gefunden. Wer dem Loch am nächsten kommt, hat das Recht, zuerst zu schieben. Da gibt es feste Vorschriften, auf deren Einhaltung streng geachtet wird: Das lange „Stroaf'n" mit dem Zeigefinger macht den Schub ungültig. Die Kugel, die der Schieber in das Loch bringt, gehört ihm, fehlt er, so geht das Recht des „Scheibens" auf den Gegner über. Das Spiel wird mit einer Ausdauer und Hingabe betrieben, daß die Kerle nicht acht haben auf die Vorübergehenden, nicht auf den Schlag der Mittagsglocke und nicht auf das Uhrzeichen, das sie zur Schule ruft, wenn nicht die Umstehenden, die Kiebitze, die das Spiel mit gleichem Interesse verfolgen, doch sich ihrer Pflicht bewußt werden und die Spieler mahnen, ein Ende zu machen und zur Schule zu gehen. Die sich den Ankauf von Glas- und Marmorkugeln nicht leisten können oder ihren ganzen Besitz dieser Dinge verspielt haben, vertreiben sich anderweitig die Zeit: mit Tempelhupfen, Titschkerlwerfen, Flohspielen, Reifentreiben, Pfeiferlmachen aus Felbergerten, Wasserspritzen aus Hollunderstäben.

Was weiter vom Haus weg darf, das geht in den Wald, in die Au, auf Gstetten und Hänge, wo unter lichtem Strauchwerk und hohen Bäumen die weißen „Sonnigl", die blauen Veilchen und die Maiglöcklein blühen. Oh, es ist etwas Köstliches um das Suchen der ersten Frühlingsblumen, um das Spiel der Mädel und Jungen im Frühling in den Straßen und Gassen, in den Höfen und Gärten des Dorfes, so sorglos und so voll Hingabe, daß ihnen der Tag zu kurz wird und die Abendglocke zu früh ertönt.

Es ist auch ganz etwas Wunderbares in der Freiheit: Die Luft ist so weich und voll von Düften. Häuser und Scheunen, Gärten und Höfe, Gstetten und Raine, Waldränder und Hohlwege sind in das Weiß und das Rosarot der Blüten gehüllt. Wie Riesensträuße stehen die Birn- und Apfelbäume hinter den Häusern und an den Straßenrändern, die Kirsch- und Weichselbäume, die Zwetschken und die Kriacherl. Die Fliederbäume hauchen ihren südlichen Ruch, der über die Dächer und Zäune strömt.

Und überall ist Leben. Das Krähen der Hähne trägt die Luft vom Oberort zum Unterort, von den Bergeln zu den Neustifthäusern, und die Hennen gackern und schreien ohne Unterlaß den ganzen Tag, als ob für sie die Welt allein da wäre. Die Spatzen in den Weiden und hohen Pappeln, in den Akazien und den Rusten sind kecker geworden und allenthalben sieht man hinter den Dachsparren, in Mauerspalten ihre schlampigen Nester. Und es wäre kein Dorffrühling, gäbe es nicht am Anger, auf den Hutweideplätzen, auf den Rasenplätzen vor den Häusern Scharen gelber Gänslein und in den Höfen kleine Kücken, die von wachsamen Müttern ängstlich behütet werden. Und es wäre kein Dorffrühling, wenn nicht die Peitschen der Bauernjungen und der Knechte knallten, die Feldwege erfüllt wären von dem Stoßen und Knarren der Wagen, dem Wiehern der Rosse und den lauten Zurufen des jungen Volkes. Pflüge, von Rossen gezogen oder von puffenden Traktoren, gehen über die Felder, Eggen, Walzen und Sämaschinen ziehen hin und wieder, alles: ein einziges großes Lied der Arbeit, des nimmermüden Schaffens, über dem die Lerche hoch in dem reinen Blau des Himmels ihren Lobgesang singt, bis mit der sinkenden Sonne sich mählich ein andächtiges Schweigen über die Ackerstreifen legt, über die Geheimnisse des Werdens, Treibens und Blühens.

Auch im Dorf wird es dann still. Die Männer schlirfen müden Schrittes den Kellerweg heimwärts, die Mädel und jungen Burschen stehen mit den Milcheimern vor den Toren oder an den Wegscheiden beisammen, plaudern, lachen und tun geheimnisvoll. Die Luft ist so weich und stark und voll von berauschenden Düften. Von dem Bach und der Dorfschwemme, den Lacken und Teichen schallt das vieltausendstimmige Konzert der Frösche und Unken. Aus den Gärten und dem Schloßpark klingt das Lied der Nachtigall, stark und kräftig und laut und wieder weich und zart und voll Innigkeit. Lange, oft durch die ganze Nacht währt ihr Singen, ohn' Ermüden. Hie und da knarrt leise ein Fenster. Der Bauer schlägt die Hände zwischen Polster und Kopf und horcht hinaus und er spricht leise vor sich hin das Sprüchlein aus seiner Kindheit: „Nachtigall sang so schön ..."

Das ist der Frühling im Dorf. •

Der Ferdl und da Flurl

Lois Schiferl

Der Trirsch Ferdl, sein Lebtag schon ein versprengter Has, und der Pfeifer Flurl, auch ein wenig ein Seltsamer, die zwei sind miteinander im Keller gewesen. Sie haben sich gut dischkeriert und auch nit schlecht trunken, und nachher sind sie so um Zwölfe heimgewackelt. Da kommen sie zu einem Keller, wo von heraußt, also gleich neben der Straß, die Stiegen abigehen. Der Flurl macht ausgerechnet an der Stell einen Tapper, fallt aufs Glander an – ein Kramler – und er liegt unten. Für einen Augenblick setzt dem Ferdl der Atem aus. Nachher tastet er sich vorsichtig auf den Rand zu, beugt sich ein wenig drüber und lost abi. Nix rührt sich.

„Flurl", schreit er voll Ängsten.

Aber der Flurl macht keinen Mugetzer.

„Flurl", schreit der Ferdl ein zweites Mal.

Still bleibts, als lagert überhaupt niemand unten.

Daß da dem Ferdl nit die Aengsten kameten!

Jetzt kniet er sich nieder, macht mit dem Streifhölzl Licht und leuchtet abi.

Ja, da liegt er, aber was auch der Ferdl mit dem Hölzl hin und herfahrt – es irrt den Flurl nit.

„Flurl!"

Wann die ganz' Welt ausgstorbn wär, könnts nit totenstiller sein. Wieviel Schwammern und Räusch der Ferdl schon ghabt hat – so schnell wie jetzt is er noch nit nüchtern gwest. Springt auf, tut gleich aus den Preßhäusern aufs Feld außi und schips über d'Acker heimzu. Er rennt und rennt, was er kann, seine Gedanken arbeiten und arbeiten, der Schwitz rinnt ihm hint aus. Eine wahre Folter macht er mit. Seine Alte steht vor seiner. „Weils enk ollaweil a so ansaufa moißts, ös Lumpn, ös nixwertigen! Lang gnui hot enk da Herrgod zuigschaut. Iatzt hobts as, iatzt is bessa. Da Flurl is weg, und auf di zoagn d'Leut mit'n Fingern – "

Und fangt schon zum Flenn' auch an: „Heulicha God, so a Unglück, a so a Unglück – i trau' ma jo nimma auf d'Stroß außi – ."

Aber Flurl sein Weib, die treibts erst! In einem fort reckt sie die Hände auf.

„Wenn schon er nit gwißt hot, wanns aufhörn söllts, daß du nit gscheita gwest bist! Host'n denn gar nimmer daholtn kinna, wia ra auf oamol nebn dir abi is? Wonnst ma'n a glei hoambrocht häst, wonnst ma'n a glei hoambrocht häst!"

Und platzt und platzt, daß schon aus und gschehn is.

Und gar erst der Pfarrer am Sonntag drauf bei der Predigt.

„Schrecklich, schrecklich, meine lieben Pfarrkinder! Jahraus, jahrein mahne, warne, beschwöre ich. Alles umsonst. Aber heute frag' ich: Wer wird einmal solche Fälle wie diesen verantworten? Wer? frage ich."

„Aufhörn, aufhörn", schreit der Ferdl in ihn hinein. Aber die da drinnen hören nicht auf.

Totenstarr sieht er den Flurl neben der Kellertür liegen, gleich da unter seiner, eine blutrote Lucken in den schwarzen Haaren, überm todweißen Gesicht, und rundum eine große blutrote Lacken.

Rinnwaschlnaß kommt der Ferdl ins Ort einer, purrt umi zu einem Hausherrn und trummelt ans Fenster.

Hört ihn niemand.

Trummelt er stärker.

Hört ihn noch niemand.

Da geht ers von neuem an. Mit aller Gewalt. Grad daß er nit die Fenster einhaut. In der ganz' Nachbarschaft bellen schon die Hund.

„Wos isenn?" schreit endlich eine verschlafene Stimm.

Mit der letzten Kraft stößts es dem Ferdl außer:

„Hausherr – einsponna – Flurl – Jenseits!"

„Was is?" schreit der Reisinger und kommt grantig zum Fenster.

„Hausherr – Flurl – Jenseits!"

No, sponnt halt der Reisinger ein. Mit was für einer Freud, kann man sich denken.

Grad unheimlich is das Fahren.

Finster is' und keins redt' ein Wort.

Wie sie ein Stuck außer der Ortschaft sind, schreits einer an:

„No, Monna, wo wedts 'nn ös no' aus?"

„Ferdl", sagt der Reisinger, „wonnst mi wegn an blödn Witz mittn in da Nocht ausn Bett außagnorrt host, nochha schau di' on!"

„Wiaso denn dös?" fahrt der Ferdl auf.

„Wer seids 'nn?" schreit der Reisinger in die Finsternis.

„Da Pfeifer Flurl."

In Ferdl will der Schiech angehen, aber er derfangt sich:

„Hausherr – gibt's nit – Flurl – Jenseits. Da erlaubt eahm oana an schlechten Gspoaß!"

Da steht der Flurl schon leibhaftig vor ihnen. Auch hell nüchtern!

Der Reisinger möchte am liebsten einem jeden ein paar schmieren.

Aber das ist gar nicht notwendig, der Tote und der Lebendige werden eh untereinander raufert.

„Du Kailbl", sagt der Flurl, „wos rennst 'nn davon?"

„Du Plutza", sagt der Ferdl, „was rollst d'nn abi?"

Und sie watschen sich gegenseitig so schön ab, daß der Reisinger dem Ferdl direkt dankbar ist, daß er ihn mitten in der Nacht aufgeweckt hat.

Aber brauchts Enk deswegen keinen Grimmer machen um sie. Zwei Tag' später haben sie sich schon wieder zsammgsoffen ghabt, die zwei Adutn. •

Die Weinmagd

Theodor Kramer

Als im Herbst vor Nacht aus jedem Loch
herb der Wein und dumpf das Maischgut roch,
winselten im ganzen Dorf die Hunde,
und mein Herz schlug, als zu später Stunde
draußen stand ein Mann im fahlen Schein;
und ich ließ ihn in die Kammer ein.

Düster wußte ich nicht, wer er war,
und der Weindunst hing ihm schwer im Haar.
Ruhe gab sein Händedruck, verschwommen
war sein Blick, mit ihm hereingekommen
war das Weinland; und er grub mir stumm
wie ein Grabscheit meinen Acker um.

Schwarz, und früher als ich es gedacht,
war er schon verschwunden in die Nacht.
Nur das Linnen war nach ihm noch speckig ...
meine Backen wurden fahl und fleckig;
und zu Lichtmeß schalt man nicht gering,
als man merkte, daß ich schwanger ging.

Aus den Reben weht der grüne Staub
und der Pirol pfeift im Pfirsichlaub.
Wo ich einstehn werde und gebären,
weiß ich noch nicht, doch ich trag den schweren
Leib so frei, als hätt, so weit man sieht,
über ihm das ganze Land gekniet.

„'s Kellergehn"

Michael Krickl

Wenn es gegen vier Uhr nachmittags geht, dann wird der Bauer unruhig. Er legt die häusliche Winterarbeit zur Seite: das halbfertige Simperl, den Schab Stroh, die Birkenreiser, aus denen er Besen bindet, und richtet sich den Kellerzöga, eine kleine Jause, ein Scherzl Brot und eine kalte Leberwurst, schlüpft in den Pelz, setzt die Pudlhaubn auf, nimmt den schweren Schlüssel vom Haken und sagt zur Bäuerin so wie zum Gruß: „I geh jetzt in Keller!" – wartet keine Antwort ab und ist bei der Tür draußen.

Zwischen hohen Schneewächten stapft er durch den Garten hinaus auf den Weg hinter den Scheunen und Planken. Man geht nicht gern an den Häusern vorbei, es brauchen nicht alle Leute zu wissen, daß man schon in den Keller geht. Der Weg ist schmal, und wenn einem jemand entgegenkommt, muß man sich dünn machen und an die Schneewand drücken. Die Keller liegen weit außerhalb des Dorfes und bieten in ihren Reihen und haufenartigen Anordnungen das Bild einer Siedlung.

Es hat seinen Sinn und seinen Zweck, daß sie so weit vom Wohnhause und dem Dorfe entfernt liegen. Es ist ein Stückchen Poesie, das Kellergehen, und zugleich nützlich. Man kommt aus der Stube und dem Getriebe des häuslichen Lebens hinaus, streift alles ab, alle Sorge, allen Kummer, und gehört sich selbst allein, ganz allein, hört kein Kindergeschrei, kein Stampfen der Rosse im Stall, kein Kettengeklirr der Kühe und Stiere. Es ist für den Bauer ein Ausspannen, ein Erholen.

Man macht Bewegung, kommt in die frische Luft, in die kalte Schneeluft, die unendlich wohltut. Und dann bleibt man nicht allein auf dem Weg, denn zu gleicher Zeit legen auch die Bauern im Ober- und Unterort, auf der Zeil' und am Anger ihre häuslichen Arbeiten weg und schlüpfen in Pelz und Stiefel und machen sich auf den Weg mit Zöga, Weinflasche und Jause. Und Tag für Tag, wenn der eine den andern auf dem Kellerweg trifft, reden sie sich an: „Na, wirst an in Keller?" Und der andere gibt zurück: „Noschau'n, ob koana ausgrunna is!"

Umständlich sperrt er die Vorhängschlösser der beiden starken Eisenschließen auf, dann das obere und das untere Türschloß mit den schweren Schlüsseln, stößt die Türe, die im Falz an den Türstock gefroren ist, mit Rücken und Hinterteil auf, zieht die Schlüssel ab, steigt vorsichtig über die hölzernen Stufen, entzündet die Talgkerze im Drahtleuchter, taucht die Außentür zu, öffnet die mit Dunst angelaufene Halbtür in den Kellerhals und setzt langsam Fuß vor Fuß auf dem abschüssigen, oft glitschigen Lehmboden hinunter in den Kellerschlauch. Da lagert warme Luft um die sauberen Fässer, die auf hohen „Gantern" ruhen und die eine Seite bis zur Brustmauer, die den Keller abschließt, ausfüllen. Die andere Seite ist frei und hat in der Mitte das dunkle Kellertischlein mit Bank und Stühlen.

Hier ist er daheim, hier atmet jedes Ding, die Sessel, die Bank, die Fässer, die Luft, das Gewölbe, der ganze Raum, Ruhe und Frieden. Hier macht er sich's bequem, breitet ein Stück Papier auf dem von Kellerluft und Kellerdunst fast schwarz gebeizten Tisch aus, legt Brot und Leberwurst darauf, wischt die Gläser sauber und hebt den „Tupfer" vom Mauerhaken. Nun geht er von Faß zu Faß, schaut, ob alles in Ordnung ist, ob nicht eine „Daufl" schweißt, ein Zapfen rinnt, lehnt an eines der Fässer die Leiter, lockert den Spund und hebt eine „Röhre" voll heraus – füllt ein, zwei Gläser, legt den Heber auf das nächste Faß und setzt sich an den Tisch wie zum Gebet.

In den Gläsern sprüht noch der Wein, daß feiner Tau die Hand benetzt, die darüberfährt. Der Bauer nippt einmal, zweimal, läßt den Schluck über Zunge und Gaumen fließen, behält ihn eine Zeitlang hinter den Zähnen und drückt ihn dann hinunter. Dabei sind die Augen wie in Andacht nach innen gerichtet. Er kennt seine Weine, aber er läßt sich die Freude des Kostens und Gustierens keinen Tag entgehen. Nach diesem geweihten Tun setzt er sich an das Tischlein, nimmt sein Taschenmesser aus dem Hosensack, zieht es durch die Schürze und Hand und schneidet mit Bedacht und Sorgfalt die Leberwurst in gleichgroße Scheibchen und das Brot in mundgerechte Stücke.

Und nun beginnt das Genießen, das mit Zunge und Gaumen alles auskostet, was in der gewürzten Wurst, in dem duftenden Brote und dem prickelnden Weine an Köstlichem und Herrlichem enthalten ist. Nichts stört das Tun, das ganz dem Ich geweiht ist. Erst wenn das letzte Scheibchen Wurst, das letzte Krümchen Brot verzehrt ist und nur mehr der goldgelbe Riesler vor ihm perlt, dann gibt er seinen Gedanken „Audienz", dann überdenkt er Haus und Hof, Stall und Vieh und Gesinde, macht Pläne und trifft „Angstalt" für Frühjahr und Sommer. Oh, es ist etwas dran an der Rede, die der Bauer Simon Töglhofer immer seinem Weibe gibt, wenn sie ihn fragt, was er denn so lange im Keller immer mache. „Weib!" sagte er, „da kann ich meinen Gedanken ‚Audienz' geben und hab Ruhe und Frieden und kann alles überdenken und mir zurechtlegen, was ich in der Wirtschaft beginnen will."

Und es muß doch so sein, denn Simon Töglhofer bleibt manchmal beträchtlich lange aus, daß sein Weib die Pfanne mit dem „Mischling" immer wieder von der Herdplatte wegschiebt und nach einiger Zeit wieder übers Feuer rückt, wenn sie im Unterort die Hunde bellen hört, bis sie es schließlich aufgibt und ins Bett kriecht.

Draußen im Keller aber, der weit von Haus und Hof entfernt ist, denkt keiner ans Heimgehen, da sind die Nachbarn da, die nebenan ihre Keller haben, Freunde, ein Besuch aus der Stadt. Man weiß ja alles, was es in der Welt Neues gibt, hat ja ein Rundfunkgerät und liest die Zeitung, aber man ist neugierig, was man in der Stadt spricht und was man dort meint, denkt immer, die wüßten mehr. Zuerst geht es um Alltägliches: um das Wetter, die Saat, die Weingärten, ob ihnen der Frost vielleicht geschadet hat, wann es wieder mit der Arbeit angehen wird, um das Vieh und seine Erträgnisse, um Gemeindeangelegenheiten, Brücken, Wege, Gräben, Wald und Weide und Pacht. Dann aber drängt das große Geschehen heran, die Männer heben sich aus der kleinen Welt des Dorfes hinaus und betrachten die Dinge mit kritischen Augen. Sind sie Kriegskameraden, dann leben die Weltkriegserinnerungen wieder auf. Ihre Wangen glühen und die Augen leuchten in starkem Erleben.

Der Rauch qualmt von Pfeifen und Zigaretten, der Wein perlt in den Gläsern und sprüht, sooft der Heber sie vollfüllt. Die Meinungen gehen hoch, die Ereignisse überstürzen sich und die Vergangenheit ist so nah. –

In den Zeiten der Demokratie, als noch die Wahlkörper bestanden, die Kurien und die Wahllisten, da wurden die Kellergewölbe zu den geheimen Besprechungsräumen der Wahlmacher. Hier wurden neue Parteien gegründet und aufgestellt und die Männer auf die Listen gesetzt und wieder abgestrichen, weil man erfuhr, daß der eine oder andere sich auch in einem anderen Keller auf eine Liste hat setzen lassen. Hier zapften die Großen, die Wohlhabenden, einen Sechzehneimer an und luden das „Volk“ zum Trunke und kauften sich so die Stimmen.

Sie haben vieles gesehen und gehört, die tiefen Kellergewölbe unter der Erde, die im Winter so warm und wohlig sind, wenn's draußen stürmt und schneit und der Wind um die Giebel der Preßhäuser fährt und den Schnee in Wächten und Wehen um die Türen und Mauern legt. Aber daheim bleibt keiner: „'s könnt ja leicht a Daufl schwaßn oder a Zopfn rinna.“ Und sie stapfen den Weg zwischen den hohen Schneemauern aus dem Dorf gegen die G'stättn und Hänge des verschneiten Weingebirges, wo die Preßhäuser und Kellerschüpfl stumm mit ihren Giebeln in das trübe Licht des späten Wintertages ragen. Und treffen sich zwei, dann kommt die Frage immer gleich: „No, wirst a in Keller?“ – und der andere gibt darauf: „No schau'n! Er war jo harri, wonn i nit kam!“ •

„Grüß Gott“ statt „Heil Hitler!“

Rudolf Fürnkranz

Nach ein paar Wochen normalisierte sich das Leben wieder weitgehend. Die Besatzungssoldaten waren aus dem Dorf verschwunden. Sie waren in den Höfen in der Laaer Ebene und in den Städten stationiert, tauchten allerdings von Zeit zu Zeit auf, um aus den Kellern Nachschub an Wein zu holen. Das war von Anfang an das größte Problem gewesen, denn die Rotarmisten gingen mit dem Alkohol exzessiv um. In den ersten Tagen hatten sie zum Teil arg gewütet und Fässer aufgeschlagen, viel Wein war ausgelaufen oder auf andere Weise zugrunde gegangen. Dennoch hielten sich die Schäden in Grenzen. Später kamen sie mit Lastautos, um gezielt zu requirieren. Die größeren Buben hatten den Auftrag, vom Friedhofberg Ausschau zu halten und, wenn von einer Straße eine Staubfahne aufstieg, die Glocken auf dem Turm der Kunigunden-Kirche zu läuten. Auf dieses Zeichen hin strömten die Männer von den Feldern zusammen und versuchten die Soldaten davon abzuhalten, in die Keller einzudringen. Freilich blieb das in der Regel vergebliches Bemühen, denn die Plünderer ließen sich von einem Menschenauflauf nicht stören. Es nützte auch nichts, die Keller abzuschließen. Die Russen fuhren mit dem Lastwagen nahe heran, klemmten einen Holzpfosten zwischen Tür und Fahrzeug und drückten im Retourgang die massiven Eichentüren samt dem Türstock ein. Da war es besser, gleich aufzusperren, um noch größeren Schaden zu vermeiden. Ich war häufig bei den beobachtenden Buben, da unser Haus ja gleich unterhalb des Friedhofberges lag und ich schnell oben war. Zum Läuten war ich freilich noch zu klein. Als wir wieder einmal Ausschau nach einem „Russenauto“ hielten und aus der Richtung Kadolz eines auftauchen sahen, läuteten die Größeren wie ausgemacht Sturm. Plötzlich gellten Schüsse und von der Turmmauer spritzten Mörtelstücke. Wir flüchteten alle in das Innere der Kirche, aber es passierte nichts mehr. Die Einschüsse an der dorfseitigen Mauer konnte man noch Jahrzehnte sehen.

Ende Juni hatte das Dorfleben im Wesentlichen wieder seinen gewohnten Gang. Die Ernte kam heran, die Leute gingen unbehindert ihrer Arbeit nach. In manchen Häusern waren noch Fremde, zum Teil ausgebombte Städter, aber auch einige, die vor der Front und den politischen Veränderungen geflohen waren und nun abwarteten, wie sich alles entwickelte. Zwei Häuser von uns entfernt saß öfter ein Mann im Hof und dengelte gekonnt die Sensen. Man konnte ihn von unserem Stadel aus sehen und Großvater erkannte ihn: „Des is da Hea Scheiner aus Laa, der hot duat a groß Gschäft mit Gschia", erklärte er mir. Auch Frau Hochmeister war noch bei uns, später kam ihr Mann aus dem Krieg zurück und wohnte nun ebenfalls hier. Sie blieben bis Sommer 1946; Herr Hochmeister arbeitete bei den Leuten mit. Einmal hütete er in den Krautgärten an der Seefeldstraße Kirschbäume, um nächtlichen Diebstahl zu vereiteln. Er wurde überfallen und so zusammengeschlagen, dass er einige Zeit das Bett hüten musste. Es hieß, die Täter wären die Männer einer ortsbekannten gewalttätigen Familie gewesen. Bald darauf verließ uns die Familie Hochmeister und zog nach Kärnten. Ich habe Ingrid nur noch ein einziges Mal in den späten fünfziger Jahren gesehen, als sie mit ihrer Mutter auf Besuch in Mailberg war.

Nach einem schweren Augustgewitter, dessen Wassermassen, wie es öfter passierte, Schlamm aus den Lößhängen durch die Hohlwege ins Dorf geschwemmt und die Wege vermurt hatten, spielten wir Buben hinter den Häusern der Seefeldstraße. Dort verzweigte nach einigen Schritten der Hohlweg zur Hochlüssen hinauf in einen befahrbaren und in einen vom Wasser bereits unpassierbar gemachten. Wir nannten letzteren „die Schlucht", denn die teilweise herabgestürzten Lößwände, die wild wuchernden Akazien und Holundersträucher verliehen ihm einen gespenstischen Anblick. Ein Stück führte noch ein gepflegter Weg bis zu einem Keller hin, der dem Floh-Vater gehörte. Danach konnte man sich nur mehr wie durch eine Urwelt zu Fuß über querliegende Stämme, Steine und große Lößbrocken turnend in diesem für uns unheimlichen und fremdartigen Terrain bewegen. Unser Ziel war am Ende dieser Schlucht bei einem steilen Geländeabbruch eine Höhle. Sie war offensichtlich von Menschen gegraben, führte nicht weit in die Lößwand hinein, verengte sich, sodass wir gerade noch durchschlüpfen konnten, und erweiterte sich dann zu einer Kammer, gerade groß und hoch genug, dass wir vier, fünf Buben darin noch Platz fanden.

Die Sonne hatte inzwischen den Boden abgetrocknet, aber im schattigen Hohlweg vor dem Floh-Keller am Beginn der Schlucht war ein großer Fleck noch feucht und völlig unberührt. Das war ein idealer Platz zum Messerwerfen. Dies war für die größeren Buben ein beliebtes Spiel. Sie zogen mehrere große aneinanderstoßende Rechtecke, so viel Mitspieler eben da waren, und nun warf der erste sein Messer in ein gegnerisches „Land". Der Wurf galt nur, wenn das Messer stecken blieb, und der Werfer hatte nun das Recht, in einer geraden Linie, die durch die Richtung vom Rücken zur Schneide des steckenden Messers vorgegeben wurde, so viel Gebiet vom anderen Territorium abzutrennen wie möglich und seinem hinzuzufügen. So ergab sich ein Wettstreit von Eroberungen und Verlusten so lange, bis die Spieler einer nach dem andern so viel Gebiet verloren hatten, dass sie auf dem verbliebenen Fleckchen nicht mehr stehen konnten. Wir Kleinen durften zusehen; nur wenn wir unter uns waren, spielten wir auch „Messerwerfen", sofern einer einen Taschenfeitel besaß, und fühlten dabei einen besonderen Kitzel, weil wir etwas eigentlich Verbotenes taten. Diesmal warfen nur die Großen, darunter auch mein Cousin Karli. Einer von ihnen hatte einen HJ-Dolch. Voll Ehrfurcht beobachteten wir das Spiel und fühlten uns wie Verschwörer, denn die Großen sagten, sollte man sie mit diesem Dolch sehen, würden wir alle eingesperrt oder vielleicht gleich erschossen.

Im Spätsommer kamen eines Tages viele Fuhrwerke ins Dorf. Sie wurden von Pferden oder Ochsen gezogen und waren mit allerlei Habe beladen. Die Menschen, die nebenher gingen oder obenauf saßen, wirkten verstört und verängstigt. Es waren Südmährer, die von Tschechen aus ihren Dörfern ausgewiesen worden waren. Viele blieben zunächst hier, das Schloss war bald völlig überfüllt, ebenso der Schafflerhof, aber auch bei Bauern im Ort fanden Familien Unterschlupf. Man war damals gewohnt, eng zusammenzurücken.

Die Jungen arbeiteten als Mägde und Knechte, die Älteren als Tagelöhner. Auch beim Fürnkranz-Großvater war ein Bursch als Knecht im Haus. Er erzählte schreckliche Geschichten von den Übergriffen bei der Vertreibung. Ich mochte ihn, obwohl er ein Aufschneider war. Aber er war immer sehr spaßig und gab sich mit mir ab. Einmal fuhr ich mit ihm ins Stranzendorfer Feld um Klee mit. Plötzlich entdeckten wir einen Feldhasen, der in einer Schlinge hing und verzweifelt zu entkommen suchte. Der Knecht brach ihm mit einem Schlag das Genick und warf ihn auf den Wagen. Bei der Heimfahrt nahm er mir das Versprechen ab, niemandem von dem Hasen zu erzählen. Ich fühlte mich an mein Wort gebunden. Als mich daher Tante Käthe am nächsten Tag fragte, was denn in den Stranzendorfern vorgefallen sei, stellte ich mich unwissend. Da zeigte sie mir in der Kammer den Hasen und ich fühlte mich schändlich blamiert. Der Bursch hatte doch alles erzählt. Von da an hielt ich mich von ihm fern.

Im September 1945 trat ich in die Schule ein, und damit begann ein neuer Abschnitt meines Bubenlebens. Am Ende des ersten Unterrichtstages mussten wir in Zweierreihen antreten und wurden nach einem gemeinsamen lauten Gruß entlassen. Zu meiner Verwunderung lautete dieser nicht mehr wie im Kindergarten: „Heil Hitler!" sondern: „Grüß Gott!" Der Krieg und die Russenzeit blieben zwar weiter Gesprächsthema der Erwachsenen, vor allem, wenn Männer aus der Gefangenschaft heimkehrten oder Leute aus der Großstadt kamen, um Lebensmittel zu „hamstern", aber mich interessierte das nicht mehr sehr. Ich tauchte in eine neue Welt der Bubenfreiheit ein. •

Die Mutter

Ilse Tielsch

Das Haus, in dem sie geboren worden ist, könnte ich zeichnen. Die gelb gestrichene Straßenfront, das breite Holztor, die in der Mitte geteilten, durch eine quergestellte Oberlichte abgeschlossenen Fenster. Ein Vorhaus, mit Holzpflöcken gepflastert, drei Stufen hinauf zur Küche, der blau gekachelte Herd, das Wohnzimmer mit dem Ledersofa, das Schlafzimmer, das selten benützte Speisezimmer. Türen zur Waschküche, zu den Kammern, der mit Ziegeln gepflasterte Hof. Ich könnte die weiß gekalkten Laubengänge zeichnen, die sich vor den Stallungen hinzogen, den Schuppen mit den darin abgestellten Wagen, Pferdewägelchen, Schlitten. Hinten im Hof, mit herzförmigen Blättern, weißen, süß schmeckenden Früchten, der Maulbeerbaum. Ein Gärtchen mit Blumen und Gemüse, als Abschluß im Hintergrund ein mit Obstbäumen bestandener Hügel, in dessen Tiefe zwei Keller gegraben waren, einer zur Aufbewahrung für kühl zu Lagerndes bestimmt, im Winter mit Eisblöcken gefüllt, die sich bis in den Sommer hinein hielten.

Die Mutter, das Bauernkind, wild, mutig, auf Bäume kletternd, sonntags unglücklich im weißen Spitzenkleid, versteckte den großen Spitzenhut nach dem Kirchgang heimlich im Holundergebüsch, kroch im Sonntagsstaat durchs Gebüsch, blieb mit spitzenbesetztem Höschen an einem Baumast hängen, zappelte schweigend aus Angst, entdeckt und bestraft zu werden, hing kopfunter, krebsrot, bis endlich Hilfe kam, wurde, schon halb erstickt, aus steinernen Röhren gezogen. Sie lernte nicht gerne, turnte dafür umso lieber, wurde gescholten, bestraft, ermahnt. Das wirst du später bereuen, sagte ihr Vater. Wie sollte das Kind das begreifen, es war, wie es war, so klein, so mutig, so verwegen, aber noch lange nicht so tollkühn wie die jüngere Schwester, die als Zehnjährige mit dem leichten Wagen, die Pferde mit der Peitsche und mit Zurufen antreibend, über die Felder fuhr.

Ihr Vater: kein Großbauer, aber der Hof, die Weingärten, das geräumige Haus schuldenfrei. Er ließ seinen Töchtern Französischunterricht geben, schickte sie in gute Schulen, kaufte für sie ein Klavier. Der alte Kapellmeister Musil kam wöchentlich zweimal ins Haus, schlief jedoch regelmäßig ein, wenn die Mädchen spielten, wachte nur auf, wenn sie einen falschen Ton griffen, schrie dann: FIS FIS oder CIC CIS, nickte dann sofort wieder ein, manchmal schnarchte er sogar. Das Klavierspielen habe sie auf diese Weise nicht gefreut, sagte die Mutter, die Lust sei ihr vergangen, draußen habe die Sonne geschienen, die fröhlichen Stimmen der anderen Kinder seien von der Straße her zu hören gewesen. Sie sei einfach zu faul gewesen, sagte sie einmal, später habe es ihr leid getan, aber sie habe einfach keine Lust zum Klavierspiel gehabt.

In der Zeit des großen Hungers, damals, als man Sirup aus Rüben kochte und im selbstgebrannten Gerstenkaffee rührte, kam Herr Vetter aus Brünn zur Jagd. Herr Vetter war Inhaber eines gutgehenden Begräbnisinstitutes, es war ein krisenfestes Geschäft, er konnte es sich leisten, ein Mädchen vom Lande bei sich aufzunehmen. Das Tauschgeschäft wurde besprochen, das Mädchen, das meine Mutter werden sollte, besuchte ein Jahr lang die Schule für Höhere Töchter in Brünn, ihr Vater besserte dafür durch regelmäßige Lieferungen von Lebensmitteln den Speisezettel des Vetters auf.

Der Vater war Mitglied des Stadtrates und ein angesehener Mann. Er fuhr mit dem Bürgermeister im leichten Pferdewagen über das Land, er blies die Flöte auf dem Kirchenchor. Für seine Töchter war ihm nichts zu teuer. Was galt das in einer Stadt wie Brünn? Eines Tages sagte Herrn Vetters Tochter DU LANDTRAMPEL zu dem Mädchen, das meine Mutter werden sollte. Das tschechische Dienstmädchen holte weit aus und schlug ihr mit der flachen Hand kräftig ins Gesicht. DU STADTTRAMPEL, sagte sie dabei, die Sache kam Frau Vetter zu Ohren und ihre Tochter mußte sich vielmals entschuldigen, aber die Mutter hat das schreckliche Wort niemals vergessen.

Die Mutter, das Mädchen vom Land, das Bauernkind, Schulen in Brünn und in Wien, Tanzstunde im teuren Spitzenkleid, Klavierunterricht, Französischstunden. Junge Männer, die sie bewunderten, pflanzten ihr den Maibaum vors Haus. Sie habe, sagte sie, eine glückliche Kindheit gehabt. Sie erinnere sich nicht daran, gelitten zu haben oder traurig gewesen zu sein. In ihrer Jugend habe es nichts Dunkles, nichts Schweres gegeben. Sie sei ein lustiges Kind gewesen, sei gerne auf Bäume geklettert, habe mit den Buben wilde Spiele gespielt.

Später war sie ein schlankes Mädchen mit modischem Bubikopf, guter Figur, großstädtisch gekleidet, eine begehrte Tänzerin. Auf dem Kirtagsfoto ist sie die Schönste von allen. Der junge Arzt, der mit dem Fahrrad über die holprigen Feldwege zu den Kranken auf die Dörfer fuhr, der ausgezeichnet Klavier spielte, Gedichte schrieb, verliebte sich in sie. Von der Hochzeit in Brünn gibt es keine Photographien mehr.

Sie war eine schöne junge Frau. Sie aß Orangen, weil sie gehört hatte, das Kind würde davon eine schöne Haut bekommen. Als man ihr sagte, daß es ein Mädchen sei, war sie enttäuscht, sie hätte viel lieber einen kleinen, wilden, auf Bäume kletternden Sohn gehabt. Dem etwa sechsjährigen Töchterchen kaufte sie eine Lederhose, schnitt ihm die Haare kurz und ließ es photographieren. In Bad Ullersdorf zeigte sie das Bild anderen Kurgästen, mit denen sie sich angefreundet hatte und erklärte, dies sei ihr Sohn, den sie daheim gelassen habe, nur die Tochter habe sie mitgenommen.

Sie war freigiebig, Kinder armer Leute lud sie regelmäßig zum Mittagessen ins Haus. Nie ging jemand unbeschenkt von ihr fort. Ich sah, wie sie, als sie selbst nicht mehr viel hatte, einem kleinen Buben aus einer kinderreichen Familie eine Tasche mit Lebensmitteln vollpackte.

Langweiliger Alltag in einer winzigen, südmährischen Stadt. Sie trug hohe Absätze, liebte hübsche Kleider, ging mit dem Vater in einem rotsamtenen Kleid mit Schleppe zum Feuerwehrball. Warum schminkst du dir die Lippen, fragte ich, eine deutsche Frau tut das nicht.

Sommerfrische in Bad Ullersdorf, in Bad Goisern, Bad Gastein, Wanderungen im Altvatergebirge, Hohe Heide, Heidebrünnl, eine Reise nach Italien. Ich habe, sagte die Mutter, ein glückliches Leben gehabt. Alt geworden, erinnerte sie sich: die schönen Kommoden, die Bücherwände, der schwarzglänzende Flügel, der Bücherschrank aus dem Empire. Die Vitrinen mit den alten Gläsern, weiß, rubinrot, kobaltblau und grün, der Dauerbrandofen mit den Marienglasscheiben. Wenn die Fenster des Eckzimmers geöffnet waren, schlugen die Prismen des Lusters aneinander. Heute noch, sagte die Mutter, habe sie dieses leise Läuten im Ohr.

Die Musterung der Wände, die Intarsien der Möbel, die Teppiche, der Zigarrentempel. Wenn man die kleine, in den Boden eingearbeitete Metallklammer herauszog, schaltete sich die Mechanik ein. Das Tempelchen drehte sich langsam, die Türchen öffneten sich, blieben eine Zeit lang offen stehen, boten ihren Inhalt dar, schlossen sich wieder. Das Spielwerk spielte: Glühwürmchen, Glühwürmchen schimmre, schimmre, und: Wie mein Ahnl zwanzig Jahr und ein g'sunder Wildschütz war. Wie das dritte Musikstück hieß, das man noch hören konnte, hatte sie, habe auch ich vergessen. Singen könnte ich es noch.

Erinnerungen: Haufen zerrissener Bücher und Klavierauszüge auf dem Gehsteig unter dem Wohnzimmerfenster, auf der Straße. In der leeren Speisekammer Menschenkot. Unten im steingepflasterten Hof die intarsierten Kommoden, aus deren Schubladen die Pferde der Rotarmisten ihren Hafer fraßen, die Schränke mit eingeschlagener Rückwand. In der leeren Wohnung, unversehrt, nur noch der schwarze Flügel, in einer Zimmerecke, auf dem Fußboden, der Zigarrentempel mit ausgerissenen Türchen.

Sei froh, sagte die Mutter, daß du das nicht gesehen hast. Im Mai fünfundvierzig, als die Frauen in ihren Verstecken saßen und sich nicht auf die Straße wagten, ging sie, immer noch schön, zwischen hunderten von Rotarmisten hindurch, die auf dem Stadtplatz lagerten und suchte nach ihrem Ehemann. Unbehelligt erreichte sie das Rathaus, ging die Treppen hinauf, trat in einen Saal ein, stellte mit fester Stimme die Frage: Wo ist mein Mann? Die im Saal versammelten Männer blickten sie schweigend und staunend an. Schließlich trat einer von ihnen vor und ging zu ihr hin. Gehen Sie nach Hause, sagte er, Ihrem Mann wird nichts geschehen.

Aus der winzigen Kammer, die man ihnen zugewiesen hatte, sind Vater und Mutter eines Nachts weggegangen. Es sei, sagt die Mutter, lange nach Mitternacht, gegen drei Uhr gewesen. Der Vater soll den Hut, den er schon auf dem Kopf gehabt hat, wieder abgenommen und auf den Haken zurückgehängt haben. Schade um den schönen Hut, soll er gesagt haben. Er hat dann, sagte die Mutter, nach seinem alten Hut gegriffen und ist mit diesem schon sehr schäbigen Hut auf dem Kopf weggegangen, den neuen hat er zurückgelassen. Vielleicht hat er gefürchtet, mit einem zu neu aussehenden Hut auf dem Kopf aufzufallen, vielleicht hat er das Gefühl gehabt, daß ein zu neuer Hut nicht auf den Kopf eines Bettlers paßt. Vielleicht ist er im Innersten auch immer noch nicht überzeugt gewesen, daß dieses Weggehen endgültig und für immer sei.

Die Mutter, die Bauerntochter. Sie arbeitete auf fremden Feldern, sie bettelte für sich und für ihren Man um einen Teller Suppe und ein Stück Brot. Einem Soldaten der russischen Besatzungsarmee verband sie den Arm, er brachte ihr dafür Zucker in einem seidenen Tuch. Mit einem anderen tauschte sie Medikamente gegen eine halbe Kuh. Ob sie sich nicht schäme, mit einem Russen Geschäfte zu machen, sagte die Frau, in deren Haus sie und ihr Mann eine vorübergehende Unterkunft gefunden hatten? Nein, sagte die Mutter, sie schäme sich nicht. Sie kochte Suppe aus dem Fleisch dieser Kuh und lud die Bäuerin und deren Familie zum Essen ein.

Die Mutter, das Bauernkind, wild mutig, verwegen, beim Spiel ist sie immer Räuber gewesen, niemals Gendarm. Das wirst du einmal bereuen, sagte ihr Vater, wenn sie ihre französischen Vokabeln nicht lernen wollte. Vielleicht hat sie es manchmal bereut, damals, ZU HAUSE, wenn Gäste aus Brünn oder aus Wien kamen, aus Prag oder sogar aus Paris, vielleicht hätte sie sich gerne ans Klavier gesetzt wie der Vater oder französische Sätze richtig ausgesprochen. Sie hat, so will es mir heute scheinen, das blasierte Gehabe mancher dieser großstädtisch Erzogenen damals nie richtig durchschaut. Manchmal muß ich daran denken, daß sie, als sie von daheim fortgehen mußte, sehr viel jünger gewesen ist, als ich heute bin. Dann frage ich mich, ob ich mich in ihrer Lage auch immer so richtig verhalten hätte wie sie.

Als ihr Mann gestorben war, hatte das Leben für sie seinen Sinn verloren. Tochter und Enkel waren ihr kein wirklicher Trost. Ruhelos ging sie zwischen unserem Haus und der eigenen Wohnung hin und her, nur wenig später starb auch sie.

Das alles ist immer noch nah und doch schon sehr fern. Ich bin einmal, bald nach ihrem Tod, über die Grenze gefahren und habe das Haus gesucht, in dem meine Mutter ein Kind und ein junges Mädchen gewesen ist. Es war an einem Wintertag, Schnee fiel in leichten Flocken, das Haus war gelb gestrichen wie damals, ich erkannte es gleich. Ich wäre gerne hineingegangen, hätte die alten Messingtürschnallen mit der Hand berührt, das Tor geöffnet, einen Blick in das Innere des Hofes getan. Was aber hätte ich, wäre ich von jemandem nach meinen Wünschen gefragt worden, den Leuten, die jetzt in diesem Hause wohnen, sagen sollen? •

Auszug aus „Wäsche, selig gemacht“

Friederike Mayröcker

Auf einer Photographie, die mich mit etwa vierzehn Jahren abbildet, stehe ich in der Mauernische einer verfallenen Burg, zu meinen Füszen lagern meine Eltern auf Steinblöcken, nehmen eine mitgebrachte Mahlzeit ein, ich selbst aber, als sie mir etwas anbieten wollen, *kann nicht essen nur schauen:* ich stehe regungslos oben am Auslug und schaue verzückt in die sich vor meinen Augen entfaltende Landschaft des Wiener Waldes, der spähende Blick, die Orte, die Berge, und Alchemie, ich sah fünfzig Dörfer.

Das ausgetrocknete Weihwasserbecken der Kirche, die kleine heilige Theresa, Vatermutterkind, blanke Locken, Sturz vom Kirchturm 1690, im Vertrauen auf die Fürbitterin wurde sie ins Innere der Kirche gebracht, ging unverletzt nach Hause, *schwebendes Kind,* eingemeiszelt in die Turmmauer, auf der Seite zu Dietmannsdorf.

Ich wandere von Deinzendorf nach Dietmannsdorf, es dämmert schon, eine alte am Stock humpelnde Bäuerin kommt mir entgegen ohne mich zu beachten, ich nicke ihr zu, ein paar Dorfkinder unterbrechen ihr Spiel sobald sie mich sehen, gucken herüber. Ihre Gesichter drücken Neugierde, Staunen, Verstörung aus, als habe sie plötzlich ein böser Traum heimgesucht – eine Fremde in ihrer Stube in ihrer Ortschaft, die kaum zwanzig Häuser zählt, ich komme mir verlegener vor als die aufgeschreckten Kinder. Als sei ich in ihre Schlafkammer eingedrungen ohne geklopft zu haben.

Wie viele Seelen? frage ich später den Pfarrer von Deinzendorf. Er überlegt einen Augenblick, nennt eine Zahl. Auch er, mundoffene Qual, verwirrt, verwundert, befremdet über mein Kommen. In Dietmannsdorf steige ich die Stufen vom Kirchenplatz zur Dorfstrasze nieder. Als ich mich umwende, merke ich, dasz einer der Knaben mich aus seinem Versteck hinter der Kirche heimlich beobachtet. Ich winke ihm freundlich zu, er verschwindet. Ich wandere am Kriegermahnmal vorbei, es ist jetzt fast dunkel. Ich lasse mein Auge noch einmal zu beiden Seiten der Strasze über die flach welligen Rebenhänge mit den kahlen Weinstöcken schweifen.

Die Lese ist längst vorüber. Der Eiswein! hatte die Wirtin gerufen, es war eine späte Ernte! Plötzlich der Schnee, der frühe Schnee! er habe sich mehrere Tage in den Weingärten gehalten, so dasz die Weinlese unterbrochen werden muszte, oder die Bauern den Schnee erst wegschaufeln muszten – im Schnee lesen ... frage ich zögernd, die Wirtin lächelt, bringt heiszen Tee mit Rum, obwohl ich Kaffee gewollt hätte, sie schenkt keinen aus. Ich merke, sie will weg, das ohnehin ins Stocken geratene Gespräch beenden, will in die Küche, und in den in einem groszen Nebenraum der Wirtschaft untergebrachten Gemischtwarenladen, aus welchem das grelle Licht, wie Scheinwerferlicht, auf die dunkle Strasze fällt. •

Wo man von den Pulkautaler Weinbergen ins Steirische sieht

Lois Schiferl

Das mittlere Pulkautal muß sich der Gast vom Guntersdorfer Berg aus besehen. Dort oben – im Süden von Groß-Jetzelsdorf, auf einer Kammhöhe der Bundesstraße Wien-Znaim – ist es schön zu rasten. Gleich neben dir ziehen in mannigfaltiger Gestalt Weinberge auf und ab, die vielen Linien, Kuppen, Schwünge, Talfurchen – du kannst sie kaum überblicken. Unten im breiten Muldental liegen behäbig Dörfer und Märkte, und Mähren zu stehen Weinberge auf wie Mächtige, Gebietende. Vom Haugsdorfer Hutberg siehst du bei klarem Wetter den gesamten Nordostrand der Alpen, von den „Mariazeller Bergen", wie der Volksmund Hochschwab und Aflenzer Staritzen nennt, über Ötscher, Rax, Schneeberg bis zur Buckligen Welt. Dies ist ein Schauen über ganz Niederösterreich hin, unvermuteter Blick von der mährischen Grenze bis ins Steirische.

Stehst du zu später Stunde auf dem Guntersdorfer Scheitel, fliehen aus dem Lampennetz der Orte im rechten Winkel Lichtschnüre hangauf gegen die Sterne. Sie liegen parallel zueinander, und wenn es stockfinstere Nacht ist, und wenn es nicht nur Bergbahnen, sondern auch Hügelbahnen gäbe, könntest du solche vermuten. Die Lichtketten sind die Bogenlampen der Kellertriften. In zweizeiligen Gassen ziehen ihre Preßhäuser, an die Lößwand gestellt, weit hinauf in die Weinbergschwelle, und wer es nicht besser weiß, hält sie für eigene Dörfer, denn ein Weinbauernort zählt mehr Weinhäuser – Preßhäuser mit Kellern – als Wohnhäuser. Nicht jeder Hauer hat sein eigenes Obdach, aber auch der geringste schafft sich ein Gebäu für die festliche Ernte der schweißträufenden Sommer.

Urtümliche Anmut liegt über den Kellertriften. Weißgetünchte Wände mit kleinen Luken – verwitterte Bretter, Lappen, ein paar Ziegel ersetzen das Glas, oder die Luke bleibt offen, und bloß ein rohes Fensterkreuz wehrt Neugierde und Zugriff –, hellgrünes Akaziengebüsch, Nußbäume, Kastanien, Ulmen, goldblinkende Lößbrüche, heimeliger Rasen und Geviertdächer mit hölzernen Heubodentüren sprechen dich an wie alles Schlichte und ungescheucht Ruhende. In die schattige Stille klingen an Sommertagen nur der Ruf der Rotschwänzchen, Pirole und Schwalben und das Gurren der Wildtauben. Abends kann es sein, daß dich – vom Preßhausboden herunter – eine reglose Eule anäugt, oder ein Igel schnürt über den Weg, und grell ertönt der Schrei des Käuzchens. Immerhin, dann ist es in manchem Preßhaus lebendig geworden. Der „Kellermeister", der Weinhauer, füllt seinen Gästen die Gläser, heiterer oder hitziger Disput geht an, ein Lied wirbt im Nu eifrigste Sänger, und es kann nun viel Zeit vergehen, denn ein Sprichwort sagt, Kellerstunden müssen viel kürzer sein als andere, denn sie vergehen gar so schnell. Wieso es im Haugsdorfer Land Kellertriften gibt und im Süden der Donau nicht? – Weil die Pulkautaler und alle Weinviertler den Rebstock zu einer Zeit kennen lernten, zu der ihre Dörfer bereits fix und fertig in den Tälern standen. Sie konnten ihren Wohnhäusern, dem Bedürfnis des Weinbauers zu dienen, nichts mehr hinzufügen. Also mußten eigene Anlagen, und zwar außerhalb der Siedlungen, errichtet werden. Dies zur immerwährenden Freude der Männer, doch nicht zur Mitfreude der Frauen.

Das große Fest der Kellergasse bringt der Ostermontag. Alles Volk ist unterwegs, Manner, Weiber, Kinder und viele Anverwandte aus Wien. Die Manner tragen heut' zwei Kellerkörbel statt eines, die Weiber tragen gewichtige Taschen und prallgefüllte Binkerln. Bald ist der Ort menschenleer. Selbst Wickelkinder nimmt man mit, der jungen Sonne, der frischen Lüfte, na, und der Mütter wegen, die auch nicht daheim bleiben wollen. Die ganze weite

Kellertrift dischkuriert, lacht, ruft, singt und musiziert. Im Preßhaus sitzen an großer Tafel Bauer, Bäuerin und Tagwerker. Geselchtes, Gebackenes, Weißbrot, Schwarzbrot, Gugelhupf, Krapferl und anderes Backwerk laden zum Zugreifen. Der Bauer bringt Roten, dann Weißen, dann den Besseren, zuletzt den Allerbesten. Essen und Trinken kann heut jeder, soviel er mag. Eine Art christliches Laubhüttenfest ist im Gang, es gibt keine Armen. Ein großer Freitisch ist die Kellertrift, auch alle Nichtbauern des Dorfes: Pfarrer, Lehrer, Postmeister, Bahnvorstand – soweit es ihm die Züge erlauben – sind hergebeten. Eine Ziehharmonika spielt auf, Singen hebt an, Fröhlichkeit und Brüderschaft erfüllen Preßhäuser und Keller, und bald wird es für manchen allzu lustvoll oder rebellisch an diesem freudenreichen Tag. „Dö Grean", also die Grüne, heißt dieses alte Fest der Pulkautaler, denn vor mehreren hundert Jahren sprach man die Farben weiblich an. ◆

Ein Tag auf dem Lande

Alfred Komarek

Seit mehr als dreißig Jahren bin ich nun fremd im Weinviertel, behaglich fremd in einem Lebensraum, der mir längst vertraut und zur zweiten Heimat geworden ist. Ruhig geht es hier zu, heute wie damals, und das ist schon gut so: große Ereignisse haben es nicht notwendig, sich wichtig zu machen.

Aber manche Tage sind dann doch ganz besondere Tage, wie zum Beispiel dieser Samstag, vor ein paar Wochen.

Es ist Vormittag und Frau Schuster, die sanfte Bäuerin mit ihrem Mann, der ausschaut wie ein riesiges Murmeltier, hört mein Klopfen nicht, vermutlich, weil sie bei den Hasen ist. Die Hasen wohnen in einem geschnitzten Bauernkasten von erheblichem Wert, leider unverkäuflich, weil Hasen darin wohnen. Eine Fensterscheibe neben dem Hoftor ist beschädigt, und die Sprünge zielen auf ein kleines Loch in der Mitte. Hier hat Frau Schuster die Scheibe zusammengenäht, mit einem Hosenknopf auf jeder Seite. Ein Moped bleibt stehen und die Fahrerin schaut mir eine Weile beim Klopfen zu. Irgendwann unterbricht sie mein nutzloses Tun mit der locker hingeworfenen Frage, ob ich denn keinen Knoblauch brauche. Knoblauch braucht der Mensch immer und so habe ich ihn Augenblicke später in der Hand: Weingarten-Knoblauch, blau-rot wie die Nasen hoch dekorierter Säufer. Ich frage nach dem Preis. Geschenkt, sagt die Mopedfahrerin, weil ich ja vergeblich geklopft habe. So einleuchtend diese Verkettung der Umstände auch sein mag, ein wenig verwirrt sie doch.

Aber vielleicht bringt das Wirtshaus alles wieder ins Lot. Dort sitzt im Halbdunkel einer, der früher Zollbeamter in Kleinhaugsdorf war. Er sagt nichts, also schweige ich höflich zurück und denke an einen gemeinsamen Bekannten, an Moro, den Zollhund. Ich habe ihn in seiner Freizeit kennen gelernt, in der Kellergasse. Moro war dermaßen freundlich, dass er sich auch vor flüchtigen Bekannten unverzüglich auf den Rücken legte, um sich am Bauch kraulen zu lassen. Kaum hatte er allerdings sein Dienstfahrzeug bestiegen, kam ein Ausdruck gespannter Wachsamkeit in die Lefzen, und wer sich respektlos näherte, wurde leise, aber bestimmt, angeknurrt. Im Dienst, ließ ich mir erzählen, hatte Moro völlig selbstständig gearbeitet, lag scheinbar entspannt auf dem Mittelstreifen zwischen den Fahrbahnen, und wenn er ein Auto der Untersuchung wert hielt, stand er elastisch auf und begann amtszuhandeln, unbeirrbar und stets erfolgreich.

„Wie geht's dem Moro?" frage ich beiläufig. Das war keine gute Frage. Es gibt nämlich keinen Moro mehr, seit heute Früh. Nachts ist er ohne große Umstände verstorben. Das Wirtshaus wird noch ein wenig dunkler. Der Gedanke, dass Moro ein geradezu biblisches Alter erreichen durfte, dass ein Hund ein Hund ist, und ein Mensch ein Mensch, hilft auch nicht weiter. Bleiben also nur ein paar hilflose Bemerkungen und feige Flucht ins Haus gegenüber. Dort wohnt mein Weinkellernachbar.

Gleich darauf schaut der Tag schon ganz anders aus, und das liegt an der Nacht zuvor: ein Schwein sollte Ferkel bekommen, und der Nachbar, fürsorglich wie er ist, begab sich mit einem bequemen Sessel und dem kleinen Farbfernseher in den Stall, um den Lauf der Dinge abzuwarten. Ob es wirklich am Hauptabendprogramm gelegen ist, dass jene 18 Ferkel, die heute zuhauf liegen, ausschauen, als wären sie von einem Designer, der zu Übertreibungen neigt, bemalt worden? Man weiß so wenig ...

Zeit, der Stille zuzuhören, in der Kellergasse, vor dem Presshaus, unter dem Nussbaum.

Ein würdiger Greis schwankt herbei und fragt, ob es gestattet sei hier Platz zu nehmen: Ein dürres faltiges Gesicht, wache junge Augen, ein Anzug, irgendwann gut gewesen, jetzt geflickt, da und dort auch von Sicherheitsnadeln zusammengehalten ... Als ich ihm erzählen will, wer ich bin, unterbricht er mich, sagt, das wisse er ganz gut, und erzählt mir in gebildeter Sprache und pointiert, was ich in den letzten Jahren so getrieben habe und mit wem. Dann erzählt er von seinem Weingarten, den er seit Jahrzehnten ohne Dünger und Spritzmittel kultiviert, aber, schimpft er, das verdammte Gift wehe von den Nachbarn zu ihm herüber. Die Einladung zum Wein lehnt mein Gast ab, auf so vertrautem Fuß stünden wir nicht, weist er mich freundlich zurecht. Dann steht er auf, meint, es sei genug geredet worden, und er käme schon irgendwann wieder. Ein Staatsbesuch also. Man wird die bilateralen Beziehungen zu pflegen haben. Der Rest des Tages träumt verdächtig still dem Abend zu, die frühe Nacht tut so, als wäre nichts weiter zu erwarten. Dann aber kommt doch noch Besuch. Ich muss ein wenig ausholen.

Das Dorf, in dem ich seit nunmehr gut dreißig Jahren fremd bin und zuhause, liegt im Pulkautal, dicht an der Grenze zu Tschechien. Vieles ist anders geworden. Die Gendarmen heißen jetzt Polizisten, die Gemischtwarenhandlung hat zugesperrt, aber neben dem Dorf breitet ein Supermarkt viele Parkplätze vor sich hin. In der Kellergasse, die mit langen Reihen weiß gekalkter Presshäuser den Talrand nachzeichnet, ist es recht still geworden, weil ja doch viele Weinbauern lieber mit der Zeit gehen, statt sich mit Weinkellern, diesen urtümlichen Höhlen im Bauch der Erde, abzumühen. Aber einige lassen sich nicht vom althergebrachten Zusammenleben mit dem Wein abbringen und bleiben den Kellern und den Presshäusern treu. Keiner muss verdursten in der Kellergasse. Und dann gibt es ja auch noch die „Köllamona", die Kellermänner. Sie haben den Hof längst an die Kinder übergeben. Doch den täglichen Weg in die Kellergasse lassen sie sich nicht nehmen. Einen von ihnen kenne ich schon viele Jahre: ein bedächtiger, ein runder Bauer: runder Kopf, runder Bauch, runde Gedanken.

An diesem späten Abend kommt er mir allerdings irgendwie unrund vor. An der sanften, doch drängenden Trunkenheit, die ihn wie ein behäbiges Schiff an meiner Presshaustür landen lässt, kann es nicht liegen. Doch schon in seiner höflichen Frage, ob es da noch etwas zu trinken für ihn gäbe, klingt eine seltsame, resignierende Traurigkeit mit. Sachte lässt er sein ausladendes Hinterteil auf die Holzbank sinken, mit einer kleinen, dankenden Kopfbewegung nimmt er das gefüllte Glas entgegen, kostet, neigt noch einmal den Kopf, diesmal anerkennend, trinkt, und sagt dann: „Man hat mir was angetan, wissen Sie?" „Was denn, um Himmelswillen?" Er seufzt, hält lange und stumm Zwiesprache mit seinem geräumigen Inneren und stellt dann mitleidlos fest: „Das ist eine lange Geschichte." Sie ist nicht gar so lang, die Geschichte, doch er erzählt sie mit schwerer Zunge, langsam und mit wirkungsvollen Pausen, damit auch ein Banause wie ich den Kern der Sache versteht. „Vor Jahrhunderten", hebt er an, „sind wieder einmal Soldaten durch unsere Gegend gezogen. Vor Jahrhunderten!“ Er stellt das Weinglas hörbar auf den Tisch und schaut mich prüfend an, um zu sehen, ob ich den Atem der Zeit auch wirklich verspüre. „Ich weiß nicht warum, es werden wohl Weiber im Spiel gewesen sein, jedenfalls ist damals ein französischer Rossknecht im Dorf geblieben. Mein Vorfahre!“ Jetzt ist es an mir, den Kopf zu neigen. „Michoú hat er geheißen, und seine Nachfahren haben natürlich den Namen behalten. Durch Jahrhunderte.“ Diesmal lässt er die Stimme bei den letzten Worten trübsinnig sinken und schaut auf das kleine Glas in seiner großen Hand. „Und wie sagen die Leute im Dorf zu mir? Na? Mischu. Dabei haben wir immer Michoú geheißen, ohne s und mit Strich auf dem u. Mit Akzent! Auf den kommt es an. Und den haben sie mir gestohlen. Mischu! Das klingt nach weniger als nichts. Aber Michoú, Michoú!“ Nach diesem heftigen Ausbruch gibt er sich schweigend dem Schmerz hin, trinkt noch ein Glas, verliert das Interesse an mir und geht: um ein paar schreckliche Millimeter kleiner, als ihm zusteht, gewöhnlicher, als er wirklich ist, gestutzt, eingeebnet, eingemeindet. Von Mitleid erfüllt, fange ich an, über meinen Namen nachzudenken. Mein Prager Cousin hat mir einmal erzählt, auf dem r wäre früher ein Hatschek gewesen. Komarschek, also, akustisch. Der arme, ehemalige Michoú. Irgendwie habe ich es besser getroffen.

•

Stillfried

Matthias Mander

8. Jänner 1983. Biologe Scheubrein erklärt den Grundsatz der Evolutionslehre: Unterrangige verbrauchen weniger Energie und überwältigen Qualifizierte auf allen jenen Feldern, wo deren Qualität nicht gebraucht wird.

Aus dem anschließenden Pausengespräch Harich-Zwigott: Auch darum wird Kunst gemacht: um der Umgebung die eigene Sensibilität einzuprägen, ein Feld für hochrangige Feinstrukturen zu schaffen. Jetzt erst sind die Unterrangigen abgeschlagen – sie gewinnen nämlich nur in der unreflektierten, praktischen Welt –, die Seher schufen sich ein ihnen angemessenes Bewährungsfeld.

Der Romancier etwa erklimmt einen imaginären Gipfel, den er aus dem Symbolsystem seines privaten Universums errichtet hat, unauffindbar und unersteigbar für andere. Tausend Pfade und Steige durch jene Region sind nach einmaliger, auch ihm selbst unwiederholbarer Begehung eingezeichnet worden.

10. Jänner 1983. Nach Sturmnacht gedämpftes, rötlichgraues Morgendämmern. Die östlichen Atolle heben sich diesig in das schmale, waagrechte Lichtband am Rand des Gesichtskreises. Ihre breiten Vorhügel sind vom Bodennebel verdeckt, nur die Kuppen stemmen sich dunkel vor das zögernde Tageslicht – sie scheinen zu schweben wie riesige Himmelsschiffe. Auf dem Schlot im Vordergrund landet umständlich eine Krähe.

19. Jänner 1983. Nach vielen Sturmtagen und -nächten ein überklarer Morgen. Die Sonne schneidet vom Osten her über die endlosen Äcker, prallt gegen die Vorhügel des Weinviertels: der windgeschliffene Wagram wirft sich auf, zieht als scharfe Linie mit vielen Knicken und bewaldeten Kuppen von weißgewürfelten Häusern überstreut, bis zum Bisamberg – der riesige Halbkreis endet im Westen an dem rot-weiß gestrichenen Sendemast.

22. Jänner 1983. Orkanartiger Sturm auf dem Kalvarienberg von Pillichsdorf. Ein Kruzifixus aus Blech, daneben zwei steinerne Frauenfiguren. Vorne die Gedenktafel für Kaiser Franz I., der 1809 von dieser Stelle aus das Schlachtfeld beobachtete. Die Hügelkette linkerhand läßt ahnen, warum die Leute aus der freien Ebene hieher geflüchtet sind, Schutz fühlend durch die Aufwölbung der Erde. Was die vor der Schlacht nach Pillichsdorf geflüchteten Wagramer nach zehn Tagen an ihrem Heimatort vorfanden, war so entsetzlich, daß sich selbst dem Pfarrchronisten die Feder sträubte: unsäglich eben, unbeschreiblich. Auch der vergrabene Meßkelch war aus dem Kirchgarten verschwunden.

Später im Hallenbad von Auerstahl: die warme lichterfüllte Zelle, das Fluggefühl durch den Auftrieb im Wasser und ganz nah jenseits der Glasscheiben der bitterkalte Winter über den Weinlandhügeln.

22. Jänner 1983. Samstagnachmittag im Hallenbad Auersthal. *Die Furche*, Nr. 3 vom 19. 1. 1983, enthielt den Reisebericht von Michael Dittrich, einem Geiger der Wiener Symphoniker über drei Konzerte, die dieses Orchester im kriegszerstörten Beirut gegeben hatte. Jenseit der Glaswände des Hallenbads kam langsam fahle Wintersonne durch, legte sich friedlich über die Weinberge. Während Zwigott über die Wirkung der Musik auf die Bewohner jener unglücklichen Stadt las, konnte er die Tränen nicht zurückhalten. Auf diese Überwältigung war er nicht vorbereitet, konnte den anderen Badegästen kaum verbergen, daß sein Gesicht übergossen war. Stellte sich zuerst ans Fenster, sprang dann kopfüber ins Wasser.

25. Jänner 1983. In der vorgestrigen *Wiener Zeitung* verurteilte anläßlich eines Libanon-Berichs ein idealistischer Wiener Arzt, der im Beiruter Palästinenser-Lager nach dem Massaker täglich über fünfzig Kranke behandelte, das dortige Gastspiel der Symphoniker mit dem Satz: Mir wären Leute, die Dächer bauen könnten, lieber gewesen als zweihundert Musiker.

Erst am vergangenen Samstag hatte Zwigott die in der *Furche* veröffentlichte Darstellung der Konzertverlaufs durch einen Musiker tief erschüttert.

Es blieb die hilflose Ahnung von vorschneller Feindschaft zwischen Gleichgesinnten.

28. März 1983. 7 Uhr 20. Der erste Vorfrühlingsmorgen. Äcker werden gepflügt, hunderte weiße Möwen sind über der hellen Erde verteilt. Weit draußen tuckert ein Traktor. In den von ihm gezogenen Furchen balgt sich eine schwarz-weiß flirrende Kugel aus Möwen und Krähen, in weitem Abstand scharren Fasanfamilien an den Krumen. Alles Menschenwerk fern an den Rändern erscheint wie zufällig. Dieses gewaltige, unaufhaltsam einströmende Licht! Abertausend Jahre fiel es in eben dieser Schräge, Stärke, Schärfe ein, aber es traf auf Gewässer, Inseln, Riffe, frühe Tierwelt; Erdzeitalter später auf eine Sumpflandschaft. Die damaligen Schattenschnitte unterschieden sich nicht von heutigen Lichtspielen. Jetzt neu sind Augen, die das bewundern, Zungen, die das aussprechen.

25. Mai 1983. Wenn man aus dem Fußgängertunnel Süßenbrunn heraufkommt, schaut man um sechs Uhr früh genau in den riesigen roten Ball der über der Gänserndorfer Terrasse aufgehenden Sonne.

28. Mai 1983. Blick von der Antennenanlage Manhartsbrunn über die Vorhügel hinweg ins Marchfeld hinunter: man sieht am anderen Ende der Ebene die Hainburger Berge und erfaßt sie sofort als Ufergestalt! Ganz glatt und flach wie ein Teich die 50 Kilometer breite Senke zwischen den Riffen. Der tiefblaue Abendhimmel verfärbt sich bodenwärts zunächst hell-, dann dunkelgrau, stößt gegen das grün gewürfelte Ackergewebe. Aus diesem gefrästen, glasigen Marchfeld ragen die weißen Getreidetürme heraus. Zwischen ihnen, unter kräftiger Abendsonne, glitzern in langen Ketten die Fenster sonst nicht ausnehmbarer Häuser aus der sich verlierenden Landschaftsscheibe.

1. Juni 1983. Aus dem Münzfahrscheinautomaten in der menschenleeren Schnellbahnstation Süßenbrunn fallen als Wechselgeld brennheiße Geldstücke heraus: unbegriffenes Liebesangebot aus dem Kosmos. Wärme von

welcher Wärme ist das? Die Elektrizität, die Sonne, die Kohle, das Atom, die Schöpfung, der Schöpfer?

29. Juni 1983. Auf dem Fahrrad von Gerasdorf Richtung Brünnerstraße in die Felder hinaus: einsamer Hügel zwischen den Südhängen des Bisambergs und den Hagenbrunner Buchten vor der Senke gegen die Donau hinüber, ein steiniger Feldweg. Verlassene Pumptraktoren sind weit über die Ebene verstreut, außer Betrieb nach zwei Regentagen. Die verzinkten Wasserrohre und Spritzdüsen stehen still. Ein scharfer Wind zieht durch die hohen Getreidehalme, deren eng anliegende dünne Blätter wie Millionen Fähnchen fächeln. Durch den reinen, von silbrigen Dampfschichten gegliederten Himmel kreist endlos, gewaltige Räume ausmessend, ein Schwalbenballett. Die langgezogenen schrillen Vogelschreie brechen das Zischen des Windes. Fern schneidet durch den Winkel einer Landschaftsmulde die geordnete Reihe einer Pappelallee. Vor dem Horizont ragen winzige weiße Giebel über wogenden Ährenmassen.

1. Juli 1983. Tankstellenwärter sonnen sich auf Stahlrohrsesseln. Überlandleitungen schneiden die Ebene, die Drähte zwischen den Masten hängen tief durch, hinter ihnen in der Ferne steile schwarze Rauchwolken. Ölpumpen und Ölleitungen stehen einsam auf Stoppelfeldern. Weiß und hellblau gestrichene Gasstationen, von einem hohen Maschendrahtzaun umgeben, spiegeln das Hitzelicht. Aus den Kiestransportern tropft noch in entfernten Orten das vom Bagger hochgerissene Grundwasser zwischen den Bordwänden hervor.

1. April 1983. Karfreitag. Kühler Aprilwind über Stillfried, einsame Ortschaft mit 30.000 Jahren ununterbrochener Besiedelung. Eindrucksvolle Erdwälle, an denen Generationen gearbeitet haben: das Sicherheitsgefühl, die Beruhigung für Menschen vor 10.000, 5.000, 2.000 Jahren, wenn sie von diesem befestigten Hochplateau ins Marchfeld hinuntergeblickt haben. Wie Türmer konnten sie die wachsamen Augen über das Marchtal führen. Heimelige Häuschen, heute noch in die Lößerde hineingebaut, Terassengärten davor. Die uralten Ringwälle dösen nach jahrzehntelanger welthistorischer Schlüsselrolle unter der stummen Vorfrühlingssonne auf dem vereinsamten Land-

strich. Die frühen Zeugnisse des Überlebenskampfes schlummern heute unter vorberechneten Flugbahnen der Atomraketen.

11. Juni 1983. Schockierendes Erlebnis einer Einladung zu dem Warenkunde- und Biologieprofessor Scheubrein, einem gebürtigen Stillfrieder, an die Nordostgrenze des Marchfelds. Er führte die Kollegen durch die urgeschichtlichen Anlagen seines Wohnorts: der Schnitt durch den Westwall gab die 20.000 Jahre alte Arbeitstätte eines steinzeitlichen Pfeilspitzenherstellers frei.

Hier siedelten Steinschläger, frühe Jäger, später Keramiker, Benützer der Stillfrieder Bronzetasse, verbreitet entlang der Bernsteinstraße. Römer legten einen militärischen Stützpunkt an, der von den Germanen zerstört, bis zum Jahr 400 von ihnen wieder aufgebaut und gehalten wurde. Byzantinische Münzen, Knochenkämme belegen die Zeit bis 1045, als die Wehranlage unter Heinrich III. Teil der Grenzmark gegen Osten wurde. Urpfade und Marktrecht seien schon im Frühmittelalter nachgewiesen.

Plötzlich begann Scheubrein laut anzuklagen: Alles deute darauf hin, daß Stillfried auf dem Weg zu einer einflußreichen Stadt war, ja zu einer Metropole mit weltumspannender Ausstrahlung. Es gäbe keinen Anlaß, rief Scheubrein fast bösartig aus, daß dieser Ort – trotz bevorzugter Verteidigungs- und Verkehrslage, jahrtausendealter Entwicklung – heute bedeutungslos sei. Im 15. Jahrhundert wurde die Veste Stillfried zerstört, 1645 wurde sogar die Kirche von den Schweden niedergebrannt, später hausten hier Kuruzzen, Türken, Franzosen, Preußen. Zuletzt Verlust der Selbständigkeit, Eingemeindung nach Angern bei Gänserndorf ...

Aber ich nehme das nicht zur Kenntnis, meine Herrschaften! Dabei hob Scheubrein die Arme und wies von der Anhöhe seines Wohnhauses über die Hohlwege im Lößberg zum nahen Marchtal hinunter. Ich habe für die Auferstehung Stillfrieds vorgesorgt, bitte treten Sie ein! Scheubrein öffnete die Tore zu seinem Anwesen: es stellte sich für alle Besucher überraschend als teuer ausgestattetes Atomschutzgebäude dar! Mit peinlichem Wortschwall führte Scheubrein seine Sicherheitsbehausung vor: 8 Meter unter Grund gekellert, 30 cm dicke Stahlbetonwände und Decken, nur mit hellen Kalkfarben gestrichen, Mauerhohlräume mit Zement vergossen; alle Öffnungen mit zweischaligen Stahlblech-Gastüren samt umlaufender Dichtung verschlossen; Schutzbelüftungsanlagen, die nur einen durch Sandfilter gezogenen Luftstrom ins Innere lassen, elektrisch und handbetriebene Kurbelpumpe, ausreichend Liegen und Sitze, ein dicht verschlossener Trinkwasserbehälter, zwei Trockenaborte und ein großer, vom Warenkundler Scheubrein selbst wissenschaftlich betreuter Lebensmittelvorrat ...

Die anfänglich anerkennenden Ausrufe der Besucher waren verstummt. Betretenheit erfüllte die Kollegen, während Scheubrein von der jahrzehntausendealten Tradition Stillfrieds sprach, der er mit seinem Sicherheitsgebäude entsprochen habe! Nach dem Dritten Weltkrieg werde dieser Wohnsitz die Zelle des Wiederaufstiegs Stillfrieds zur Weltgeltung sein! Denn ringsum werde alles ungeschützte Leben vernichtet sein ... •

Pulkauer Aufzeichnungen

Alois Vogel

Der Schnee schmilzt. Dann stürmt und friert es wieder. Der März kommt mit Frost.

Wir gehen auf dem Feldweg, der vom Ortseingang von Großreipersdorf auf einer sanften Höhe zur Straße Pulkau-Röschitz und weiter, nun abfallend, nach Rohrendorf führt. Die Erdbrocken sind hart gefroren und die vereinzelten Lacken mit einer dünnen weißen Eisschicht bedeckt. Sie zerspringt wie Glas und fällt klirrend in den Hohlraum darunter, sobald man leicht darauf steigt. Eine dunkle, krächzende Wolke zieht über uns dahin, gegen Norden zu, wo wir sie in dem Austreifen der Senke vor Schrattenthal einfallen sehen. Ein paar laut schreiende Nachzügler folgen. Der Himmel ist ein stahlgrauer Schild, der sich weit nach Osten wölbt. Zur linken Hand die Weinrieden mit ihren dürren Reben zeichnen locker zinnoberfarbene Striche zu Tal, zur rechten ziehen die Äcker mit den harten Erdschollen Zeile um Zeile zum weidenbestandenen Bach hinunter.

Dann, plötzlich, halten wir an. Am Rand des Weges ist ein braungrauer Fleck, borstige Haare, ein breiter Streifen, festgefroren am Boden. Wir betrachten den Fund. Sind es Hasenhaare? Nein, dazu sind sie zu wenig weich, zu grob und zu viele. Rehhaare? Das könnte es sein. Wir sehen uns um. Dort im Feld ist etwas! Wir gehen über die von der herbstlichen Pflügung aufgeworfenen und jetzt hartgefrorenen Schollen, der Furche entlang.

Da liegt etwas. Wieder Haare, grau und borstig, die kleinen Hufe eines Rehes, Knochen, Haut, Knochen. Noch ein Stück weiter feldeinwärts liegt der Brustkorb, sauber entblößte Rippen und daneben der lange Hals, flach, nur mehr Haut, Leder, mit dem in der Erde halb vergrabenen Kopf. War es ein Bock? War es eine Geiß? Keine Einzelheiten sind zu erkennen. Fuchs und Marder, Bussard und Krähen haben den Kadaver hierhin und dorthin gezerrt, zerteilt, ausgehöhlt und nur mehr die ungenießbaren Teile übriggelassen. Die großen, warmen Augen.

Sie sind nicht mehr. Erde füllen die Höhlen.

Im kalten Wind, der vom Waldviertel herüberweht, treiben vereinzelt harte Schneekörner. Eine schwarze Wand steht im Westen, bald wird der Schnee die Felder wieder bedecken. Wir gehen über den hartgefrorenen holprigen Weg weiter. Bei der Straße nach Röschitz steht ein Bildstock. Am Ende einer Steinstele tragen vier, jeweils dreimal verkröpfte Eisenstäbe ein Steindach mit einem barockgeformten Aufbau. Darunter sitzt eine Frau aus eben diesem Stein, mit über der Brust gekreuzten Armen. Auf der Stelle ist die Inschrift eingemeißelt:

GOD/VND VNSER LIEBEN FRAVE/ZU LOB
VND/
EHR HAB ICH/EVA/RECINA SED/IN
PECKHIN/
STEINMODZIN/IN KHINERIMG/DIESES
KREITZ/
ALHIEHER/VERLOPT VND VERSPROCHE/
1673

1673! Zehn Jahre später standen die Türken vor Wien. Längst ist begraben der, für den dieser Stein gesetzt wurde, längst begraben, der diesen Stein setzen ließ, bebaute, die Schrift meißelte, der Großwesir Karamustafa, der Kaiser Leopold, der König Sobieski und der Bettelmann, dem die Frau Steinmotzin ein Süppchen gereicht hat. Die Frau unter dem Steindach hat noch immer die Arme über der Brust gekreuzt.

Hunderte Autos fahren vorbei. Keiner der in den Fahrzeugen Sitzenden achtet auf die Frau unter dem Steindach. Allein sitzt sie am Straßenrand, verlassen, allen Winden preisgegeben, dem körnigen Schnee. Seit 1673 steht hier:

GOD/VND VNSER LIEBEN FRAVE/ZV LOB
VND EHR

Es ist Ostern geworden. Der Schnee ist längst dahin. Die Kirschbäume haben schon dicke glänzende Knospen an den Zweigen. Die Weiden am Bach tragen einen lichten, grünen Schleier. Wir gehen wieder den Feldweg, der vom Ortseingang von Großreipersdorf in Richtung Rohrendorf führt. Der Himmel ist ein fernes seidiges Blau, vor dem feine Brüssler Spitzen, weiße Wolken ziehen. Das Zinnober auf den Rieden ist verschwunden. Frisch geschnitten und die kurzen Triebe aufgebunden, glänzen die Reihen der Weinstöcke dunkel den Hügel herauf.

Als wir zur Stelle kommen, wo wir im Frühmärz anhielten, sehen wir nur mehr ein paar borstige Haare am Wegesrand. Das Feld ist grün. Die Wintersaat, etwas über eine Spanne hoch, wellt sich leicht im sanften Frühlingswind. Da wir in der Furche – die Erde ist feucht und klebt an den Schuhsohlen – ein Stück in den Acker hineingehen, finden wir zuerst nichts mehr von dem verendeten Tier, dann, nach einigem Suchen, sehen wir einen Teil des Kopfes. Aus den großen Augenhöhlen sprießen die grünen Halme des Weizens. Von den flinken Beinen können wir keine Spur mehr wahrnehmen. Die Haare hat der Wind verweht.

Nun trägt er das Läuten der Kirchenglocken herüber. Auch jene von Weizendorf fallen ein. Die Auferstehung des Herrn wird gefeiert. Wir gehen auf den Weg hinaus und kommen wieder zur Stelle, auf der die Frau mit den über der Brust gekreuzten Armen sitzt.

GOD/VND VNSER LIEBEN FRAVE/ZV LOB
VND/EHR

Lesen wir wieder:

Auferstehung!

Der Großwesir Karamustafa, der Kaiser Leopold, der König Sobieski, die Frau Steinmotzin, der Bettelmann und das zarte Reh, das in dem Acker elend verreckte. Auferstehung in dem immer aufs neue beschnittenen Weinstock, im wogenden Weizenfeld, im Brot und Wein auf unserem Tisch. •

Wein & Tod

Eva Rossmann

Freitagmittagsstau in Wien, ich werde zunehmend nervös, das Begräbnis ist um drei, wenn es nicht endlich vorangeht, komme ich zu spät. Ich hetze die Bundesstraße hinaus, schaffe es gerade noch zehn Minuten vor drei, finde rund um die Treberndorfer Kirche keinen einzigen freien Parkplatz mehr, stelle meinen Fiat einfach in einen Acker, renne zum Friedhof – und sehe, dass ich zu spät bin. Vor der Einsegnungskapelle stehen hundert, vielleicht auch zweihundert Menschen, versammelt wie die Krähen im Herbst. Von drinnen klingt der Gesang des Kirchenchores heraus. Ich versuche mich möglichst unauffällig zur Trauergemeinde zu gesellen, ernte trotzdem eine Menge neugieriger Blicke. Ist es, weil man mich nicht kennt? Ist es, weil ich mich mit Weinviertler Begräbnisritualen nicht auskenne und zu spät gekommen bin?

Der Pfarrer betet etwas von der Auferstehung der Toten, eine schlechte Tonanlage überträgt es nach draußen, ab und zu ein Quietschen, ein Zischen, so als sei der Draht zum Himmel eben doch nicht ganz perfekt. Mir wäre es recht, Hans Berthold könnte ganz real wieder aufstehen. Die Kapelle sieht aus, als hätte ein katholischer Architekt in den Sechzigerjahren einen Albtraum gehabt, achteckig und mit seltsamen braunen Schnörkeln verziert, dazu Fenster wie Schießscharten. Unmittelbar vor dem Eingang haben sich offenbar die örtlichen Vereine zusammengeschart: Männer in Feuerwehruniformen – nicht alle von ihnen sehen wirklich sportlich aus. Eine Gruppe von überwiegend alten Frauen mit dem Rosenkranz in der Hand. Männer in einer Art Trachtenanzug, alle einen grünen Buschen am Revers. Vermutlich Jäger. Ich sehe genauer hin. Da steht auch Aichinger senior. Der neben ihm könnte sein Sohn sein. Sie sehen betreten zu Boden, wie alle anderen auch. Der ganze Ort scheint gekommen zu sein, um Hans Berthold zu verabschieden. Wüsste ich es nicht besser, ich würde schwören, dass ihn ganz Treberndorf geliebt hat. Die Musiker stehen abseits, das Seltsamste an ihrer Kostümierung sind die dicken weißen Kniestrümpfe. Sie erwecken noch am ehesten den Eindruck, als handle es sich nicht um persönliche Trauer, sondern um gesellschaftliche Pflicht. Zwei junge Burschen mit einer Trompete in der Hand tuscheln und starren auf ein blondes hübsches Mädchen mit einer Querflöte. Ich gehe vorsichtig einige Schritte weiter, sehe jetzt auch ins Innere der Kapelle. Da stehen, ganz in Schwarz, die nahen Angehörigen, der Pfarrer, der Kirchenchor. In der Mitte der Sarg. Es wirkt, als sei man so eng wie möglich zusammengerückt, in „der Stunde des Todes", von der der Pfarrer in das knarrende Mikrophon spricht, auf dass niemand sonst herausgerissen werde aus dem Leben und aus Treberndorf. ◆

Die Himmelsleiter

Alfred Komarek

An diesem Tag spät im November fühlte sich Simon Polt wieder einmal so richtig wohl in einer Landschaft, die zwischen Himmel und Erde nicht viel Unterschied machte. Behagliches Grau hüllte ihn ein, ließ Grenzen und Konturen sachte verschwimmen. Kühl war es, doch nicht kalt. Etwas Leichtes, Unbestimmtes lag in allem, zögerliche Trägheit. Polt war im ersten Lebensjahr von seinen und Karins Kindern recht häuslich geworden, ohne zu murren, gerne sogar. Jetzt standen die Kleinen auf eigenen Beinen, recht wackelig zwar und nur für ein paar Sekunden, doch immerhin, und insgesamt drei Zähne waren zu vermelden. Mit deren zwei biss sich Peter durchs Leben, während Anna vorerst mit einem das Auslangen fand.

Peter und Anna ..., das klang gut inmitten der Kevins und Leons, der Hannahs und Desirees ringsum. Mit einigem Vergnügen erinnerte sich Polt an die Taufe. Grete Hahn und Michel Mühlbacher waren Patin und Pate gewesen, eine unerhört lustige Witwe also und ein junger Mann, dem vieles zuzutrauen war, nur keine tätige Frömmigkeit. Ja, und dann die Hochzeit ... Polt hatte jenen schwarzen Anzug getragen, der normalerweise bei Begräbnissen Verwendung fand, aber bei der Auswahl der Krawatte doch einige Kühnheit bewiesen. Seine Karin hingegen freute sich über das cremfarbene, nicht einmal fünfzehn Jahre alte Hochzeitskleid, das ihr Frau Höllenbauer geschenkt hatte. Alles war sehr schön und feierlich gewesen, sogar die Tischrede Sepp Räuschls. Er hatte sich würdevoll erhoben, bedeutsam in die Runde geblickt und dann lange nach Worten gesucht. Als Räuschl trotz aller Anstrengungen nicht fündig wurde, breitete der alte Weinbauer die Arme aus, schenkte dem Brautpaar ein wonniges Lächeln, sagte „Prost“ und nahm, von heftigem Beifall begleitet, Platz.

Nach einem solchen Anfang konnte es nur gut weiter gehen, trotz ehelicher Verwirrungen, Missverständnissen und Turbulenzen. Polt war bislang mit Karin, seinen Kindern und sich eigentlich tadellos zurechtgekommen.

Doch an einem Tag wie diesem war es nach all der Sesshaftigkeit im trauten Heim wieder einmal Zeit dafür, allein in die große weite Welt zu ziehen.

Er trat gemächlich in die Pedale seines alten Fahrrades. Der Sattel knarrte leise, ohne die Stille ringsum zu stören. Ein paar Jahre noch, dann würden Anna und Peter ihre ersten Fahrräder haben – ja, und einen Vater, der sich auffallend ungelenk, vielleicht auch verhalten ächzend in den Sattel seines museumsreifen Vehikels schwang. Polt grinste.

Er nahm sich viel Zeit für eine ausgedehnte, ziellose Fahrt durch das Wiesbachtal. Als er schwer atmend eine der höheren Hügelkuppen im Norden erreicht hatte, folgte er beharrlich schmalen Güterwegen dicht an der Grenze zu Tschechien, und wandte sich dann talwärts der Kellergasse von Burgheim zu, weil er Walter Vogt nicht allzu lange warten lassen wollte. Dabei gab es für dieses Zusammentreffen weder einen bestimmten Tag, noch einen genauen Zeitpunkt.

Walter Vogt gehörte zur leider immer rarer werdenden Spezies der Kellermänner, der „Köllamona", jener Weinbauern im Ruhestand also, die es sich nicht nehmen ließen, Tag für Tag Presshaus und Weinkeller aufzusuchen, obwohl es dort für sie nichts mehr zu erledigen gab. Das stimmte allerdings nicht ganz. Es konnte nicht schaden, wenn sich einer regelmäßig im Keller umschaute, sorgsam über das nasse Holz der Fässer wischte, und den Wein beim Werden und Reifen begleitete. Diese alten Männer hatten kaum noch Eigentum, im Grundbuch standen ja längst die Namen ihrer Nachkommen. Jetzt waren es die Jungen, welche Entscheidungen trafen, die darüber bestimmten wie es weitergehen sollte. Dieser Einschnitt im bäuerlichen Leben wurde im Wiesbachtal allerdings weniger nachdrücklich vollzogen als anderswo. Es ging ja nicht darum, stolze Besitztümer oder ein großes Vermögen weiterzugeben. Die Alten hatten zwar ihr Hab und Gut übergeben, doch sie blieben geachtete Leute.

Für Simon Polt, der viele Jahre lang das Wiesbachtal kaum verlassen hatte, gehörte das wie selbstverständlich zum Alltag. Als er dann allmählich auch städtisches Leben kennenlernte, sah er, wie arm oder sogar armselig das Alter anderswo sein konnte, auch bei vermögenden Leuten. Ein betagter Weinbauer hingegen hatte kaum Geld, aber immer noch seinen großen Schlüssel für Presshaus und Keller, hatte eine vertraute Welt, die nach wie vor Teil seines Lebens war. Unter der Erde tat sich mit dem Keller ein dunkles Königreich auf. Es gab Wein im Überfluss, die Freiheit, sich nach Kräften zu betrinken oder auch nur zu kosten – und es gab eine große, feierliche Stille, in der vieles Platz fand.

Simon Polt war ein junger Gendarm gewesen, als er Walter Vogt kennen gelernt hatte. Damals gab es in Brunndorf noch das Gasthaus Stelzer. Gleich dahinter befand sich der Fußballplatz. Hitzige Auseinandersetzungen sportlicher Natur fanden daher oft ihre Fortsetzung in der Gaststube. Meist verfolgte der Wirt das Geschehen mit vergnügtem Interesse. Immerhin brachte es Abwechslung in sein ohnehin allzu ruhiges Leben. Wenn aber Flaschen und Gläser flogen und größere Schäden zu befürchten waren, rief er die Gendarmerie an. Das war eines vergangenen Tages auch geschehen, und Polt traf eilends mit zwei Kollegen ein. Es gab aber keinen Streit mehr zu schlichten. Zwischen den Kapitänen der verfeindeten Mannschaften stand ein kleiner, schmächtiger Mann und hielt, so gut er konnte, die Arme der beiden Kontrahenten hoch. Er hatte soeben unter beifälligem Gelächter des Publikums beide zu Siegern erklärt und die Mannschaften zu einer großen Feier in seinen Keller eingeladen.

Ein merkwürdiger Mensch, dieser Walter Vogt ..., seine Friedfertigkeit war leise und unaufdringlich, aber von bezwingender Autorität. Als Weinbauer vermied er es stets, sich in den Vordergrund zu drängen, hatte es aber als einer der ersten gewagt, nicht mehr in großen Mengen an Händler zu verkaufen, sondern auf Qualität zu achten, in Flaschen abzufüllen, Stammkunden zu gewinnen. Als sich dann nach und nach so ziemlich alle als Weinkenner wichtig machten, war es Walter Vogt, der leichten Herzens auf angelerntes Verkostungsbrimborium verzichtete. Polt sah ihn vor sich, wie er im Keller einen noch kantigen Blauburger mit viel Tannin zur Nase und dann zum Munde führte. „Jung und zornig", murmelte er dann und wusste, dass sich noch vieles fügen und runden konnte. Dabei hatte es Walter Vogt nie leicht im Leben gehabt. Seine Frau war früh gestorben, und der einzige Sohn wollte mit dem Weinbau nichts zu tun haben. Aber bei seiner Tochter, der Eva, hatte es sich offenbar doch günstig ausgewirkt, dass sie schon als Säugling im Kinderwagen Verkostungen im Keller miterlebt hatte. Außerdem überzeugte sie später einen in jeder Hinsicht vielversprechenden Studenten der Wirtschaftswissenschaften nachhaltig davon, dass sein Wissen an ihrer Seite, im Weingarten und im Keller viel besser aufgehoben wäre als in der Stadt. Walter Vogt konnte also beruhigt in die Zukunft schauen.

Polt wusste, dass der alte Weinbauer täglich gegen fünf Uhr Nachmittag im Presshaus eintraf und dann ein, zwei Stunden im Keller verharrte. Nach und nach hatte es sich eingespielt, dass ihn der ehemalige Gendarm dort besuchte, meist an einem Freitag. Polt wurde also irgendwie und irgendwann erwartet, demnach würde er irgendwie und irgendwann kommen: So war das eben mit Terminvereinbarungen im Wiesbachtal.

Er sah, dass die Tür von Walter Vogts Presshaus einen Spaltbreit offen war, trat ein, lächelte dem Weinbauern zu und nahm Platz. Im November war es im Presshaus ganz gut auszuhalten. Man war ja warm angezogen um diese Jahreszeit, und drinnen war es nicht kühler als draußen.

Die Männer tranken erst einmal schweigend, und Polt erkannte den Welschriesling vom Vorjahr. In den vertrauten Geschmack mischte sich ein nicht minder vertrauter Geruch, der sich aber mit den Jahreszeiten änderte, wie Polt wusste. Wenn zum Beispiel im Sommer die Hitze durch Tür und Fensterluken ins Presshaus drang und allmählich auch die dicken Mauern erwärmte, lag in der Luft nicht nur eine Ahnung von altem Holz und Wein, da roch es auch nach Fruchtbarkeit und reifendem Leben. Spät im Herbst dann, wenn die Lese vorbei war und der Wein in den Fässern gärte, blieben die kleinen Fenster verschlossen und die Tür wurde nur noch selten geöffnet. Jetzt war mehr vom Keller zu spüren, vom unheiligen Wunder da unten, der Wandlung vom Zucker zum Alkohol.

Walter Vogt drehte sein Glas in der Hand, stellte es auf den Tisch. „Der Heinrich North ist gestern gestorben, Simon."

„Nein! Der war doch keine sechzig ..."

„Siebenundfünzig. Am dritten August haben wir Geburtstag gefeiert, da drüben in seinem Presshaus. Ich hab ihn heute früh tot aufgefunden. Hab mich gewundert, dass die Tür offen gestanden ist, und bin dann hinein."

„War das ein Gärgas-Unfall oder wie? Ist ja gefährlich, das Kohlendioxid in den Kellern. Weiß aber doch jeder hier bei uns."

„Ja. Leichtsinn gibt es trotzdem immer wieder ... Nein, Simon, der Heinrich ist im Presshaus gestorben. Ich war schon auf der Gendarmerie und habe alles erzählt. Der Inspektor Priml war am Vormittag mit ein paar Leuten in der Kellergasse, hat alles untersucht und den Toten wegbringen lassen. Mir tut's leid um den Nachbarn, wirklich."

„Ich hab ihn kaum gekannt. Eigenartig, nicht wahr? Manche Leute trifft man immer wieder und lebt an ihnen vorbei ..."

„Was ist der Priml für einer, Simon? Du hast ja mit ihm zu tun gehabt."

„Ich hab ihn erst nicht recht leiden können, so ein Scharfer, Genauer, weißt du?"

„Und jetzt?"

„Er ist schon in Ordnung. Zum Gegner möcht ich ihn allerdings nicht haben."

„So?" Vogt stand auf, ging zur Presshaustür und öffnete den Spalt ein wenig mehr. Dann drehte er sich zu Polt um. „Seit gut sechzig Jahren schau ich von hier auf die Kellergasse hinaus, Simon. Als Bub war ich mit den Eltern hier, als die Russen gekommen sind. Das Geräusch von den schweren Stiefeln auf dem Weg draußen hör ich noch heute, die lauten Stimmen und die grobe, hässliche Sprache. Die Kellergasse war damals nur festgetretener Lehm, Sand und Löss. Gepflastert war im Dorf nur der Platz vor der Kirche, und von Asphalt war sowieso keine Rede, bis in die 70er Jahre nicht. Wir sind dann in den Keller hinunter. Ein paar Soldaten sind uns gefolgt, einer hat mit dem Maschinengewehr Löcher in ein Fass geschossen und es wurde gierig gesoffen. Die Eltern haben dann mit ihnen gehen müssen. Ich bin im Keller geblieben und hab mir vor Angst die Hosen voll geschissen. Am Abend bin ich in unser Haus im Dorf zurück. Die Eltern waren da und haben gelebt. Die Mutter ist im Bett gelegen und hat geweint. Der Vater ist da gesessen und hat die Wand angestarrt. Sie haben mir nie erzählt, was geschehen ist."

Ein verlegenes Schweigen machte sich breit. Endlich räusperte sich Polt. „Du, Walter, wenn es dich interessiert, frag ich den Priml bei Gelegenheit, was bei den weiteren Untersuchungen herausgekommen ist."

„Was soll schon herauskommen. Wenn ich dran denke ... Der Heinrich war noch nicht einmal in der Volksschule, als ich ihn zum ersten Mal in der Kellergasse gesehen hab. Damals war ich schon ein frecher junger Lackl, der aus jedem Gewand herausgewachsen ist und der schon einmal den Mädchen nachgeschaut hat. Wie's weitergeht, hätt ich allerdings nicht so recht gewusst. Aber mit dem Heinerl war ich trotzdem gern unterwegs. Hab ihm halt die Welt gezeigt und erklärt, dem kleinen Dreck. Ob der was Gutes gelernt hat bei mir, weiß ich aber nicht. Einmal bin ich in unseren Schweinestall mit ihm, sogar in den Kobel mit der Muttersau hinein. Die hat uns dann in den Mist geschmissen, weil sie nicht wollte, das wir den Jungen in die Nähe kommen. Erst hat uns meine Mutter gebadet, dann hat uns mein Vater je eine Watschen verpasst, ein leichte."

Polt war neben seinen Freund getreten. „Kannst du dir denken, was mit dem Herrn North los war? Hat er Kummer gehabt, war er krank?"

„Ich sag nichts. Wer kann schon in einen Menschen hineinschauen? Allein hat er jedenfalls gelebt, war nie verheiratet. Dabei war er ein fescher Bursch in seiner Jugend. Viel größer und stärker als ich. Aber schüchtern, sag ich dir, scheu wie ein Haserl! In die Krutzler Maria war er einmal schwer verliebt. Stundenlang ist er hinter einem Busch gesessen und hat darauf gewartet, dass sie aus dem Haus kommt. Und war es dann endlich so weit, ist er sitzen geblieben und hat ihr traurig nachgeschaut. Blumen hat er ihr aufs Fahrrad gebunden, auf ihren Sessel in der Schule hat er heimlich Herzerln aus rotem Papier gestreut, und beim Kirtag hat er einem Gleichaltrigen, dem Toni Gstettner, eingeredet, dass er mit ihr tanzen soll und ihr verraten, dass ein gewisser Heinrich sie so schauderhaft liebt und begehrt, aber vor lauter Sehnsucht kein Wort herausbringt. Der Toni hat natürlich nichts erzählt und ist mit der Maria nach dem Tanz im Finstern verschwunden. Geheiratet hat sie dann auffallend gschwind den Gattermayer Rudi. Drei Kinder haben s', eines wird wohl vom Toni sein."

Die beiden Männer gingen zum Tisch zurück. Walter Vogt schenkte nach. „Und was bleibt uns zwei, Simon? Der Wein."

„Hat der Priml auch mit dir geredet, ich meine, wie er in der Kellergasse war?"

„Klar hat er. Aber ich hab ihm nicht viel sagen können. Fehlen wird er mir schon, der Nachbar. Wir waren ja dann viele Jahre als Weinbauern gut miteinander. Komisch ..., auf einmal war der Altersunterschied weg. Kennst mich ja, Simon. Ich bin auch als Erwachsener ein rechter Kindskopf geblieben, und der Heinrich hat älter gewirkt, als er war, mit seinem grantigen Gsicht und dem krummen Rücken. Hat sich weiß Gott was abgerackert. Und was hat er davon? Du, noch was, Simon, weil du ja Gendarm warst. Werden sie den Heinrich mit dem Messer ... na ..., aufschneiden?"

„Glaub ich schon. Warum fragst du?"

„Hat er sich nicht verdient. Mir wär's lieber, dass er als Ganzer unter die Erd kommt. Wirst zum Begräbnis gehen? Wär mir recht, dann hab ich jemand zum Reden beim Essen nachher."

„Meinetwegen. Ich kann ja meinen Hochzeitsanzug wieder aus dem Kasten holen. Diesmal halt mit der schwarzen Krawatte. Warst du gestern Abend im Presshaus? Na klar warst du. Bist du ja immer um die Zeit. Und der Heinrich North war auch da?"

„Ja, zufällig. Er kommt ja nicht oft in die Kellergasse in dieser Jahreszeit. Ich hab's auch dem Priml erzählt."

„Ein Neugieriger, kann ganz schön lästig sein ..."

„Das kannst laut sagen."

„Und natürlich hat er dich gefragt, ob der North bei dir im Presshaus war, oder du bei ihm ..."

„Bei mir war er, der Heinrich. Dann wollt der Herr Inspektor noch wissen, worüber wir geredet haben. Hab ich ihm gesagt, dass es ihn einen Schmarrn angeht. War ja nichts Besonderes. Der Wein in diesem Jahr war natürlich ein Thema, und dann haben wir noch darüber geplaudert, wie alles anders geworden ist im Dorf. Kein Vieh mehr, keiner kennt den andern so richtig, und jeder ist allein mit sich und dem Maschinenzeug. Und so weiter halt, wie es so ist, wenn zwei alte Krauterer beieinander sitzen ..., er könnt's ruhig wissen, der Herr Polizist, aber ich mag's nicht, wenn einer aufdringlich wird."

„Und nachher?"

„Nachher! Nachher! Du kommst mir schon fast wie der Priml vor, Simon. Aber dir kann ich's ja erzählen. Nachher sind wir noch zum Heinrich hinüber gegangen und haben seinen Grünen gekostet: den Staubigen von heuer und den vom Vorjahr."

„Wie war er denn so, der Nachbar? Anders als sonst?"

Walter Vogt senkte den Kopf und hob ihn dann zögernd. Wieder einmal wurde Polt bewusst, wie sehr er dieses Gesicht mochte: Der Kopf schaute wie eine große Bohne aus, der mehr oder weniger zufällig eine Nase gewachsen war. Viele Jahre entschlossener Friedfertigkeit hatten freundliche Täler und Hügel geformt, und in den Augen saß immer noch der Schalk, auch wenn's diesmal ein trauriger Schalk war.

„Na ja, er ist eben einer, der den November nicht gut verträgt. Da spürt er ja doch, dass er allein ist."

Polt hob sein Glas zur Nase. „Leer ..., aber der Wein ist immer noch drin. – Hast du was, Walter?"

„Es ist nur ..., weil das der Sepp auch gesagt hat, oft und oft hat er das gesagt ..."

„Ich kenn's von ihm. Ein paar Mal war ich in seinem Keller. Eindrucksvoll, nicht wahr?"

„Ja, schon, da hat er sehr darauf geschaut, Simon. Aber keine Flaschen. Mit der Qualität, die der Heinrich aus dem Fass verkauft hat, wär ein schönes Geschäft zu machen gewesen. Aber da war er eigen. Er ist lieber ein Weinbauer, und nur das, hat er immer gemeint. Den Schwindel mit den Etiketten überlässt er lieber dem Händler."

„Und wovon war dann noch die Rede?"

„Warum fragst?"

„Der Priml wird bestimmt auch noch mit mir reden, weil er weiß, dass ich mich in der Kellergasse auskenn, und vor allem weil er weiß, dass ich mit dir befreundet bin. Ich würd gern mehr wissen, damit ich ihm dann nicht alles sagen muss. Verstehst?"

„So ungefähr. Also übers Leben haben wir auch noch geredet, und übers Sterben. Ich hab's bis gestern nicht gewusst, Simon. Der Heinrich war in den letzten Jahren halt immer wieder eine Zeitlang nicht da. Natürlich ist geredet worden im Dorf, du kannst dir ja vorstellen was: dass er sauft wie ein Loch, der Heinrich North, und immer wieder auf Entziehung muss."

„Und die Wahrheit?"

„Krebs. Von der Behandlung, dieser Chemotherapie oder wie das heißt, hat man nicht viel bemerkt, weil der Heinrich schon mit fünfzig ein Glatzkopf war und immer schon ziemlich hager. Drei Operationen hat er hinter sich gehabt. Das Teufelszeug ist aber jedes Mal wieder gekommen. Am nächsten Donnerstag wäre er zum vierten Mal dran gewesen, und er hat einfach nicht mehr wollen. Du Walter, ich geh dann, für immer, hat er irgendwann gesagt, kannst mir hinüber helfen, oder ist das zu viel verlangt? Ich hab nachgedacht, mich weggedreht, damit er mich nicht weinen sieht. Hat aber nur ein paar Sekunden gedauert. Dann habe ich ihn angeschaut und na klar gesagt." Er hat sein Glas mit Wasser gefüllt, eine Handvoll Tabletten aufgelöst und getrunken. Dann hat er auf einmal so was Fröhliches im Gesicht gehabt, wie die kleinen goldenen Engerln bei uns in der Dorfkirche, du weißt ja, die nur Kopf und Flügel sind. Der Grüne ist mir lieber, hat er gesagt, schenk ein, Walter, Nachbar. Ich hab eingeschenkt und nachgeschenkt und nicht aufgehört damit, bis er vom Sessel gefallen ist. Nachher bin ich mit der Weinflasche und meinem Glas in mein Presshaus zurück. Genau so, wie es die Mörder im Fernsehen machen, wegen der Fingerabdrucke. Was jetzt, Simon?"

„Schau mich an. Siehst eine Uniform?"

„Nein."

„Na also."

Die Fasanensichel

Michael Kos

man hat den Hasen abgeschaut
wie gut es sich als Dorf
in die Senken drücken läßt

ohne die gebückte Haltung
schlüge es übers Jahr
das Windvolk kreuz und krumm

liegt es an solcher Bescheidung
daß man hier ganz zufrieden
mit einfacher Bettung lebt?

wer hätte vor Ort vergessen
daß sonnenreiche Lagen
dem Weinstock vorbehalten sind?

Quellenverzeichnis

Komarek, Alfred und Duda, Manfred
Licht.Bilder. Die Farben des Weinviertels, © Haymon Verlag 2003

Kramer, Theodor
„Im Lößland", In: *Gesammelte Gedichte in 3 Bänden.* Herausgegeben von Erwin Chvojka. Band 1 © Paul Zsolnay Verlag Wien 1997 und 2005

Nitsch, Hermann
Ordensregeln: Behauptungen und Beschreibungen zum Projekt des Orgien Mysterien Theaters, Das Hohe Gebrechen 1981 © Hermann Nitsch

Schiferl, Lois
„Hymnus auf die Robinie". In: *Lois Schiferl. Gesammelte Werke,* Band 2, 367–371 © Edition Weinviertel 2006

Paul, Johannes Wolfgang
„Weinviertler Ode". In: *In den Scheren des Krebses* © Grasl Verlag 1978

Komarek, Alfred
„Der Himmel im Keller". In: *Weinviertel. Tauchgänge im Grünen Meer* © Verlag Kremayr & Scheriau 2012

Silberbauer, Norbert
Franz © Deuticke im Paul Zsolnay Verlag Wien 1994

Krickl, Michael
„Am Dorfbrunnen". In: *Geschichten aus dem Weinviertel,* Band 1 © Irene und Detlev Gamon 2012

Fürnkranz, Rudolf
Der Schimmel aus der Grundlos. Verwurzelung und Kindheit in der Weinviertler Marktgemeinde Mailberg, 9–11 © Edition Weinviertel 2012

Kramer, Theodor
„Wenn ein Pfründner einmal Wein will." In: *Gesammelte Gedichte in 3 Bänden.* Herausgegeben von Erwin Chvojka. Band 1 © Paul Zsolnay Verlag Wien 1997 und 2005

Krickl, Michael
„Frühling im Dorf". In: *Geschichten aus dem Weinviertel,* Band 1 © Irene und Detlev Gamon 2012

Schiferl, Lois
„Der Ferdl und da Flurl". In: *Warn dös Kampln? Weinland in Gestalten* © Österreichischer Agrarverlag 1947

Kramer, Theodor
„Die Weinmagd". In: *Gesammelte Gedichte in 3 Bänden.* Herausgegeben von Erwin Chvojka. Band 1 © Paul Zsolnay Verlag Wien 1997 und 2005

Krickl, Michael
„'s Kellergehn". In: *Geschichten aus dem Weinviertel,* Band 2 © Irene und Detlev Gamon 2012

Fürnkranz, Rudolf
„Grüß Gott" statt „Heil Hitler". In: *Der Schimmel aus der Grundlos. Verwurzelung und Kindheit in der Weinviertler Marktgemeinde Mailberg,* 300–304 © Edition Weinviertel 2012

Tielsch, Ilse

„Die Mutter". In: *Alle Mütter dieser Welt, Anthologie ostdeutscher Autorinnen der Gegenwart,* Helmut Preußler Verlag Nürnberg 1978 © Ilse Tielsch

Mayröcker, Friederike

Textauszug aus „Wäsche, selig gemacht". In: *Friederike Mayröcker, Gesammelte Prosa.* Herausgegeben von Klaus Kastberger. Band II: 1978-1986. © Suhrkamp Verlag Frankfurt am Main 2001.

Schiferl, Lois

Wo man von den Pulkautaler Weinbergen ins Steirische sieht © Elisabeth Aichhorn

Komarek, Alfred

Ein Tag auf dem Lande © Alfred Komarek

Matthias Mander

„Stillfried". In: *Wüstungen,* Styria Verlag 1985 © Matthias Mander

Alois Vogel

„Pulkauer Aufzeichnungen". In: *Alois Vogel: Pulkauer Aufzeichnungen und andere Prosa.* Herausgegeben von August Obermayer und Wendelin Schmidt-Dengler. Werkausgabe in fünf Bänden, Band 2. © Deuticke im Paul Zsolnay Verlag Wien 2001

Eva Rossmann

Wein & Tod. Ein Mira-Valensky-Krimi © Folio Verlag 2005

Komarek, Alfred

Zwölf mal Polt. Kriminalgeschichten © Haymon Verlag 2011

Michael Kos

„Ohne Titel". In: *Die Fasanensichel. Weinviertler Strophen,* Literaturedition Niederösterreich 2002 © Michael Kos